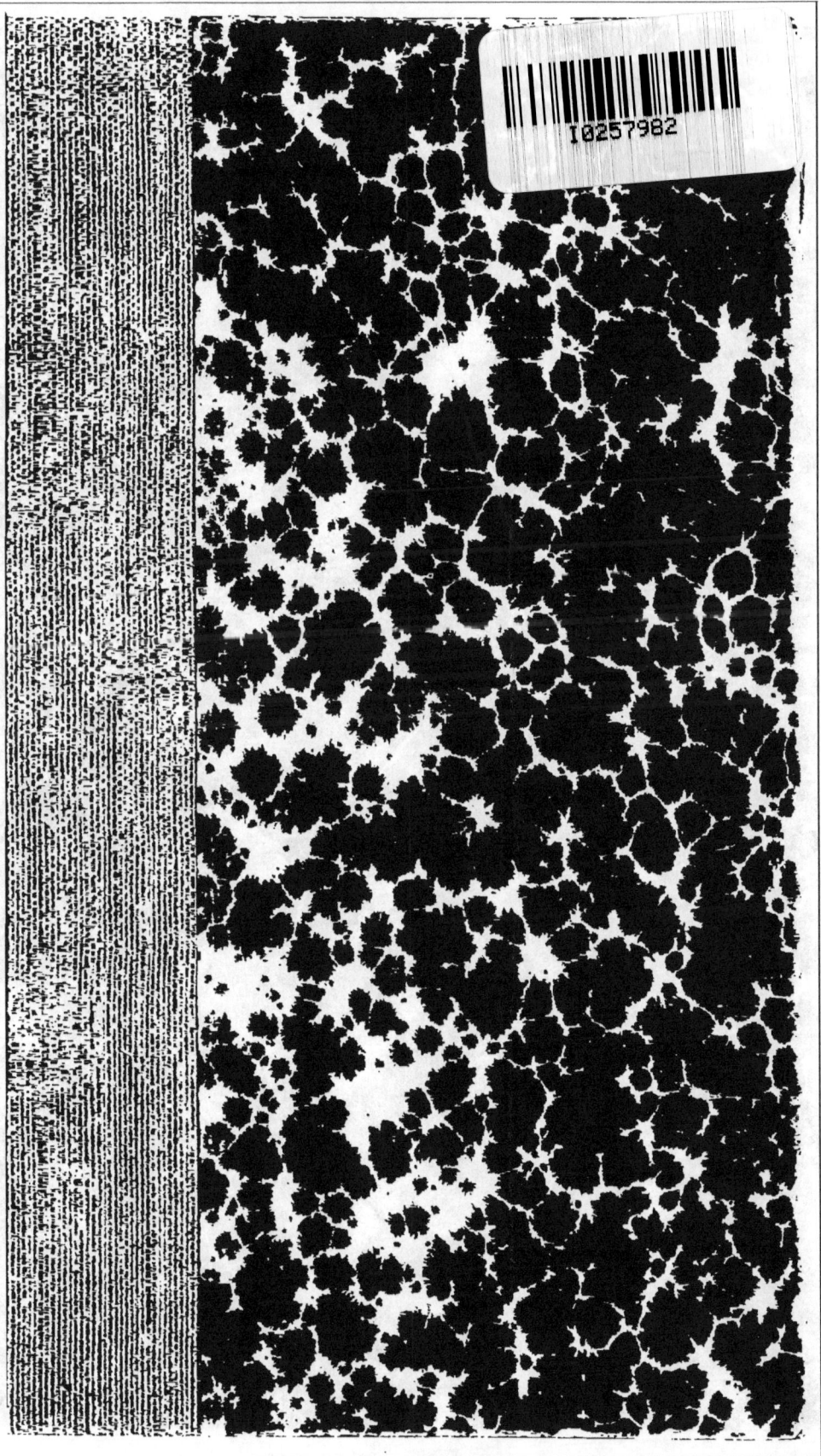

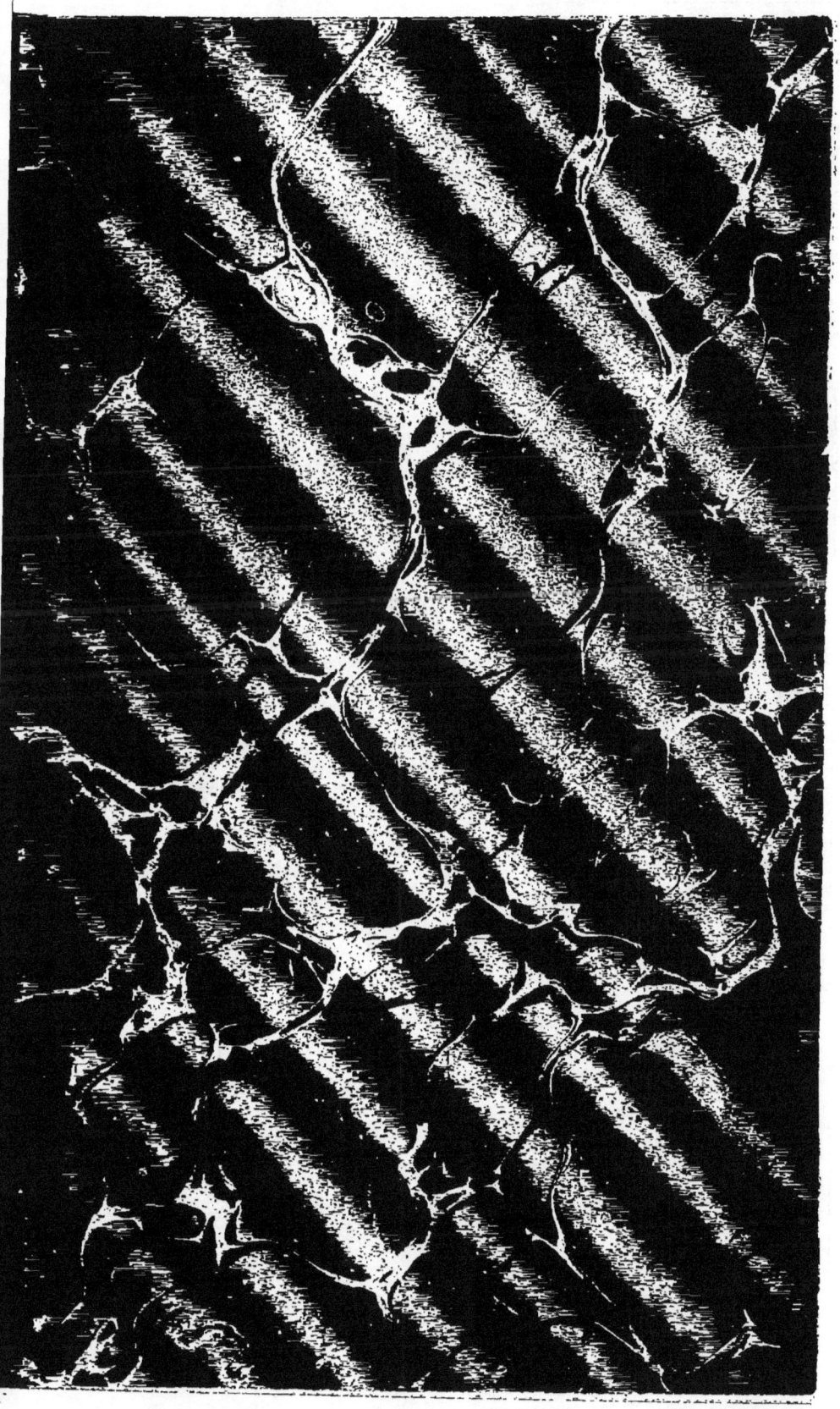

COLONEL LUSSAN

SOUVENIRS DU MEXIQUE

Cosas de Méjico.

PARIS
LIBRAIRIE PLON
PLON-NOURRIT ET Cie, IMPRIMEURS-ÉDITEURS
8, RUE GARANCIÈRE — 6^e

1908
Tous droits réservés

SOUVENIRS DU MEXIQUE

COLONEL LUSSAN

SOUVENIRS DU MEXIQUE

Cosas de Méjico.

PARIS
LIBRAIRIE PLON
PLON-NOURRIT et Cie, IMPRIMEURS-ÉDITEURS
8, RUE GARANCIÈRE — 6°

1908
Tous droits réservés

A MON NEVEU ET FILLEUL

ÉLOI LUSSAN

Engagé volontaire

Sous-officier au 2ᵉ régiment du génie

AVANT-PROPOS

Ce ne sont pas des mémoires de haute portée que je donne à lire.

Ce n'est pas non plus un journal, une relation par le menu et sans lacunes de l'humble part que, jeune capitaine, j'ai prise, de 1863 à 1867, à l'expédition du Mexique.

Insuffisantes pour me remémorer, si longtemps après, les moindres incidents de ma campagne, les précieuses indications d'un itinéraire de marche (1) tenu au courant jour par jour, et où sont notées les dates de passage ou de séjour à chaque gîte d'étapes,

(1) Voir cet itinéraire à l'appendice.

m'ont du moins permis d'esquisser à grands traits, avec mention exacte des noms de localités et des dates, l'historique de mes pérégrinations incessantes en si lointain pays, et d'apporter la même précision de temps et de lieu dans la mise au jour, au cours de mon narré succinct, de souvenirs épisodiques, anecdotiques et autres de nature diverse, qui se sont, par le fait même de leur singularité, gravés en tous détails dans ma mémoire, et m'ont paru propres à captiver l'attention du lecteur avide d'aventures extraordinaires et de curiosités inédites.

Un exposé sommaire de l'expédition française précède mes souvenirs proprement dits et en facilite l'intelligence.

Éloi LUSSAN
Colonel du génie en retraite.

Pau, le 29 mars 1908.

SOUVENIRS DU MEXIQUE

PREMIÈRE PARTIE

L'EXPÉDITION DU MEXIQUE
(1861-1867)

EXPOSÉ SOMMAIRE

La France, l'Angleterre et l'Espagne entreprirent de concert l'expédition du Mexique. Aux termes de la convention de Londres du 31 octobre 1861, les trois puissances se proposaient d'agir en commun sur ce grand pays où le parti libéral détenait depuis un an le pouvoir sous la présidence de don Benito Juarez. Il s'agissait d'obtenir le redressement des griefs nombreux dont elles avaient à se plaindre, des garanties plus efficaces pour les personnes et les propriétés de leurs nationaux, enfin l'exécution des obligations contractées par la République mexicaine.

Un premier corps français de 3,000 hommes, sous les ordres de l'amiral Jurien de la Gravière, débarqua le 9 janvier 1862 à Vera-Cruz où était déjà, depuis le 17 décembre précédent, le contingent espagnol à l'effectif de 6,200 hommes. L'Angleterre ne concourut à l'opération que par l'envoi d'une forte division navale et de 700 soldats de marine destinés à être débarqués sur les côtes.

Dès le début de négociations qui furent engagées avec le gouvernement mexicain, et qu'on désapprouva à Madrid et à Londres non moins qu'à Paris, les représentants de l'Espagne et de l'Angleterre se trouvèrent en désaccord avec ceux de la France. Les divergences de vue allèrent s'accentuant chaque jour, et l'alliance fut enfin rompue le 9 avril. Les contingents alliés se retirèrent alors du territoire mexicain, et nous y restâmes seuls, décidés à poursuivre, les armes à la main, une aventure dont le but réel, avoué, était la fondation au Mexique d'une monarchie avec l'archiduc Maximilien d'Autriche pour empereur.

Notre petit corps expéditionnaire qui, renforcé d'une brigade complète, comptait maintenant 7,000 hommes, et dont le commandement avait été donné au général de Lorencez, se mit aussitôt en marche vers l'intérieur du pays, en suivant la route qui relie directement Vera-Cruz à Mexico par Cordova, Orizaba et Puebla.

Le 28 avril il forçait brillamment le passage des Cumbres d'Aculcingo qu'une division mexicaine lui disputait; mais il échouait malheureusement quelques jours plus tard, le 5 mai, au pied des forts de Guadalupe et de Loreto qui constituaient alors, sinon l'unique, du moins la seule sérieuse défense de la ville de Puebla.

Le général de Lorencez ramena en bon

ordre ses troupes en arrière, et attendit à Orizaba, d'où les Mexicains tentèrent en vain de le déloger, les renforts désormais indispensables.

Porté à l'effectif de 35,000 hommes et placé sous le commandement du général Forey, le corps expéditionnaire se présenta à nouveau, le 16 mars 1863, devant Puebla et y mit le siège. La place avait été solidement fortifiée sur tout son pourtour depuis l'affaire du 5 mai de l'année précédente. Elle ne se rendit que le 17 mai, après une vigoureuse défense de soixante-deux jours.

Trois semaines plus tard, le 7 juin, nos troupes prenaient possession de Mexico d'où le président Juarez était parti, le 31 mai, transférant à San-Luis Potosi le siège du gouvernement fédéral.

Une assemblée de notables, formée sous nos auspices, proclamait aussitôt l'empire, une régence était instituée, et une députation envoyée en Europe pour offrir la couronne à l'archiduc Maximilien. Le prince, avant de l'accepter, demanda que les décisions de l'assemblée des notables fussent ratifiées par l'adhésion des populations de l'intérieur. « Et ainsi », dit le capitaine Niox dans son récit de l'expédition du Mexique (1) où j'ai puisé tous les éléments de mon exposé sommaire, « ainsi échut à l'armée française, qui y consacra plus de trois ans encore ses efforts et son dévouement, la pénible tâche de faire reconnaître l'Empire sur toute la surface d'un immense pays habitué depuis longtemps à la décentralisation d'un gouvernement fédératif, et de faire accepter le nouvel empereur par des populations qui ignoraient même l'existence du prince destiné à les gouverner. »

On ne pouvait entreprendre des opérations militaires à longue portée avant la fin de la

(1) *Expédition du Mexique*, 1861-1867. — Récit politique et militaire par G. Niox, capitaine d'état-major. Paris, J. Dumaine, édit., 1874.

saison des pluies, c'est-à-dire avant le mois de novembre. On se borna donc, pendant cinq mois, à se donner de l'air dans la vallée même de Mexico, et au delà jusqu'à Pachuca à 20 lieues au nord, Toluca à 16 lieues au sud-ouest et Cuernavaca à 18 lieues au sud, et à tenir, au sud comme au nord, l'ennemi à distance de la route de Vera-Cruz à Mexico.

Dans cet intervalle, le général Forey, élevé à la dignité de maréchal, fut rappelé en France, et le général Bazaine prit, le 1er octobre, le commandement du corps expéditionnaire.

Dès que le retour de la saison sèche le permit, le nouveau général en chef débuta par une expédition de grande envergure qui fut dénommée « campagne de l'Intérieur ». En moins de deux mois, par les mouvements combinés de ses deux divisions, qu'il dirigea lui-même allant de l'une à l'autre, il sépara en deux tronçons les forces ennemies qui nous faisaient face en un grand demi-cercle au nord, à l'ouest et au sud-ouest, rejetant l'un dans le nord et refoulant l'autre dans les provinces du sud. Pendant ce temps les deux divisions mexicaines des généraux don Leonardo Marquez et don Tomás Mejia, nos alliés du parti conservateur, avaient respectivement pris possession, sans coup férir, les 30 novembre et 25 décembre, la première de Morelia, capitale du Michoacan évacuée à notre approche par les libéraux, la seconde de San-Luis Potosi, capitale de l'État de ce nom abandonnée par le président Juarez qui alla s'installer plus au nord à Catorce; et, heureuse et singulière coïncidence! presque à la même date, 18 décembre pour Morelia, et 27 décembre pour San-Luis Potosi, les deux généraux mexicains repoussèrent chacun victorieusement un furieux retour offensif de l'ennemi qui, en un endroit comme en l'autre, avait d'un seul élan pénétré jusqu'à la place principale.

Parti de Mexico le 19 novembre, le général en chef avait de sa personne, dans sa course sinueuse jusqu'à Guadalajara, la capitale du Jalisco, où il arriva le 5 janvier 1864, suivi, avec ce qu'il appela sa brigade « d'avant-garde » et les états-majors des divers services de l'armée, la route passant par Toluca, capitale de l'État de Mexico, Maravatio, Acambaro, Celaya, Salamanca, Leon, Lagos et San-Juan de los Lagos, poussant entre temps des pointes de Salamanca sur Valle de Santiago, et de Lagos sur Aguascalientes, capitale de l'État du même nom. Rappelé par les difficultés avec lesquelles la régence se trouvait déjà aux prises, il revint, par La Barca, La Piedad, Valle de Santiago, Salamanca, Celaya et Queretaro, à Mexico où il rentra le 4 février.

Les actes d'adhésion au nouvel ordre de choses des grandes cités de Queretaro, Morelia, Guanajuato, Leon, Aguascalientes, San-Luis Potosi, Guadalajara, et de quantité de localités de moindre importance, recueillis sur le passage des colonnes françaises, furent envoyés à l'archiduc Maximilien qui, les trouvant suffisants, accepta solennellement la couronne le 10 avril 1864. Embarqués le 14 avril à Miramar sur la frégate autrichienne *la Novara*, l'empereur Maximilien et l'impératrice Charlotte débarquèrent le 29 mai suivant à Vera-Cruz. On leur fit des ovations sur toute la route jusqu'à Mexico où ils furent reçus le 12 juin avec les démonstrations les plus enthousiastes.

Les généraux Douay et de Castagny qui commandaient, celui-ci la 1re division du corps expéditionnaire, celui-là la 2e, et qu'aidaient de leur mieux les généraux Marquez et Mejia, continuèrent l'œuvre si bien commencée par le commandant en chef. Un mouvement d'ensemble des deux divisions fit tomber sans combat entre nos mains, le 6 février, l'importante ville de Zacatecas, capitale d'État, centre de riches exploitations minières. Puis, plus au nord, Durango, également capitale d'État, fut occupé le 4 juillet; Saltillo et Monterey, capitales respectives du Coahuila et du Nuevo-

Leon, le furent les 20 et 26 août; le port de Matamoros, à la pointe extrême nord-est du territoire mexicain, le 26 septembre; Colima, au sud-ouest de Guadalajara, le 5 novembre. Et le siège du gouvernement libéral, toujours rejeté plus loin, dut se transporter avec son président nomade, d'abord de Catorce à Monterey, puis de Monterey à Chihuahua.

Trois combats, singulièrement glorieux pour nos armes, marquèrent l'année 1864.

Le 17 mai, le colonel Aymard, accouru de San-Luis Potosi, avec neuf compagnies du 62e de ligne, son régiment, un escadron de chasseurs d'Afrique, et trois sections d'artillerie, au secours de la division Mejia attaquée à Matehuala, à mi-chemin de Saltillo, par un corps libéral de 6,000 hommes avec 18 pièces d'artillerie et 500 cavaliers, mit l'ennemi en pleine déroute, lui prenant toute son artillerie et faisant 1,100 prisonniers dont se grossit aussitôt la division mexicaine impérialiste (1).

(1) L'armée mexicaine se recrute à peu près exclusive-

Le 21 septembre, au Cerro Majoma, à l'est de Durango, dans l'État de ce nom, une petite colonne, composée de cinq compagnies de zouaves, d'une compagnie de chasseurs à pied, de deux obusiers de montagne, d'un escadron de chasseurs d'Afrique et d'un escadron mexicain, sous les ordres d'abord du colonel Martin du 2ᵉ zouaves, qui fut tué dès le début de l'action, puis du commandant Japy, eut raison de 4,000 Mexicains appuyés par 20 pièces de canon, leur prenant toute l'artillerie et faisant 152 prisonniers.

Enfin le 22 novembre, à Jiquilpan, au sud-est du lac de Chapala, dans l'État de Michoacan,

---

ment parmi les indigènes, au moyen de la presse, de la *leva*, qui consiste à cerner un faubourg de ville ou un village, et à se saisir, pour les enrôler, de tous les individus en état de porter les armes que l'on y trouve. Incapables d'aucune résistance sérieuse en rase campagne, ces piètres soldats sont cependant susceptibles de se bien comporter derrière des abris, comme ils le firent à Puebla. Mais il n'y a chez l'Indien aucun dévoûment à la cause qu'on l'oblige à défendre, et il est d'usage constant que les prisonniers faits dans un combat soient immédiatement incorporés dans l'armée victorieuse.

avec une colonne de même composition que la précédente, mais moitié moins forte en infanterie, le colonel Clinchant culbutait un corps ennemi de même importance que celui de Majoma et lui prenait neuf canons.

Le général Bazaine fut élevé à la dignité de maréchal au cours de cette même année 1864 (décret du 5 septembre).

Pendant l'année 1865 l'occupation du territoire progressa encore du côté du nord.

Une expédition fut dirigée de Durango sur Mazatlan, port du Pacifique, qui fut occupé le 13 janvier; et de là on alla par mer à Guaymas (29 mars).

Plusieurs colonnes légères évoluèrent dans l'État de Durango particulièrement menacé par les forces juaristes qui se reformaient sans cesse. L'une d'elles, commandée par le général Aymard (la belle victoire de Matehuala avait valu le grade de général au colonel du 62ᵉ de ligne), s'avança jusqu'à une soixantaine de lieues au nord de Durango dans la direction de Chihuahua, et se tint en observation, du 26 février au 1er avril, à Nazas, petite ville qu'arrose le *rio* assez important qui en a pris le nom.

A ce moment, se dérobant habilement devant nous, une division ennemie de 2,500 hommes, avec 16 pièces de canon, formée en partie des troupes battues par nous à Majoma, se porta hardiment de Mapimi sur Saltillo et Monterey. Elle reprit ces deux villes aux troupes de Mejia à qui nous en avions laissé la garde et, revenant ensuite hâtivement sur ses pas à l'approche de deux colonnes françaises qui convergeaient vers elle, alla se perdre et se débander dans la région déserte appelée « Bolson de Mapimi ».

Nous pûmes alors nous porter plus loin encore, et Chihuahua, capitale de l'État de même nom, fut occupé à deux reprises, du 15 août au 29 octobre et du 9 décembre au 31 janvier de l'année 1866 suivante. Et chaque fois, avec sa patiente ténacité d'Indien, Juarez alla attendre à Paso del Norte, à l'extrême frontière nord, des circonstances plus favorables.

Au midi Oajaca, autre capitale d'État, où commandait le général don Porfirio Diaz (1), fut assiégé et se rendit après dix jours de tranchée ouverte, le 9 février 1865, quelques instants avant l'heure fixée pour le premier assaut.

Et en résumé, à la fin de cette année 1865, nos 35,000 hommes étaient disséminés sur toute la surface du grand plateau d'Anahuac (2), et avaient de là, à l'est comme à l'ouest,

---

(1) Le général don Porfirio Diaz a été une première fois président de la République mexicaine de 1877 à 1880. Réélu en 1885, il a été maintenu sans interruption depuis lors, par cinq autres réélections successives, à la tête du gouvernement; et, sous la sage administration de cet éminent chef d'État, une ère de paix, de progrès et de prospérité a succédé, au Mexique, à l'ère des *pronunciamientos*, des révolutions incessantes, définitivement close.

(2) *Anahuac* « près de l'eau », mot nahuatl composé de *atl* « eau », et *nahuac* « près de ». Le nom d'Anahuac, donné d'abord à la seule vallée de Mexico, a été étendu ensuite à l'entier plateau supérieur du Mexique.

poussé des pointes vers les côtes. Mais le pays n'était pas pour cela pacifié, beaucoup s'en fallait. Les *guerrillas* juaristes, pourchassées sur un point, reparaissaient sur un autre; on se battait un peu partout, et principalement dans le Michoacan, et les routes étaient généralement peu sûres.

Cependant les États-Unis, où la guerre de Sécession avait pris fin le 26 mai 1865, « affirmaient dès lors », comme dit encore le capitaine Niox, « leur volonté de ne pas tolérer plus longtemps un seul soldat européen sur leur continent; et c'est à peine s'ils prenaient le soin d'adoucir leurs réclamations près du gouvernement français sous les formes ordinairement courtoises du langage diplomatique ».

D'autre part, l'organisation du nouvel empire, où tout était à créer, ne faisait aucun progrès réel, et il était de toute évidence qu'il s'écroulerait dès que l'appui de nos armes et de nos millions viendrait à lui manquer.

C'eût été folie que de faire durer plus longtemps l'expérience. Le rappel de notre armée fut décidé en janvier 1866. Les instances de l'impératrice Charlotte, venue tout exprès en Europe, ne purent faire revenir le gouvernement français sur la détermination prise, et les terribles angoisses par lesquelles elle eut à passer altérèrent irrémédiablement la raison de cette infortunée princesse qui languit depuis lors en Belgique, au château de Lacken où le roi des Belges, son frère, l'a recueillie.

La concentration et la marche rétrograde de nos troupes vers le port de Vera-Cruz prirent les six derniers mois de 1866 et les deux premiers mois de 1867. Elles s'effectuèrent dans l'ordre le plus parfait, non toutefois sans de bons coups de boutoir assénés de-ci de-là par nos colonnes pour tenir à distance respectueuse les libéraux qui les suivaient pas à pas, réoccupant tous les postes au fur et à mesure de leur évacuation.

Les embarquements pour le rapatriement

des 29,000 hommes restants du corps expéditionnaire se firent sur une quarantaine de navires (paquebots transatlantiques et bâtiments divers de l'État). Commencés en décembre 1866, ils durèrent jusqu'au 11 mars 1867, jour où le maréchal commandant en chef monta à bord du vaisseau *le Souverain*, quittant, lui le dernier, les côtes du Mexique.

L'empereur Maximilien qui, un instant, avait paru céder aux sollicitations qui lui étaient faites d'abandonner lui aussi le Mexique, et s'en était même allé attendre à Orizaba le moment propice pour s'embarquer, se décida, sur les instances de ses partisans, à rester (1er décembre 1866). Fait prisonnier à Queretaro par l'armée libérale à qui un traître, le colonel Lopez, avait livré une porte de la ville, le deuxième empereur du Mexique y était fusillé le 19 juin 1867, comme le premier, Iturbide, l'avait été à Padilla le 19 juillet 1824. A ses côtés tombèrent ses deux plus fidèles lieutenants, les généraux Miramon et Mejia.

DEUXIÈME PARTIE

TROIS CENT HUIT ÉTAPES AU MEXIQUE

RÉCIT ÉPISODIQUE ET ANECDOTIQUE

§ 1ᵉʳ. — *De Cherbourg à Vera-Cruz et à Mexico.*

Départ de Cherbourg. — Fort-de-France. — Le Citlaltepetl. — Vera-Cruz. — La Purga. — El Arroyo de Piedras. — Camarou. — Orizaba. — Les Cumbres. — Puebla. — Les deux pendus. — Le langage au Mexique. — L'album.

Contrairement à ce qu'avaient permis d'espérer la facilité et la rapidité d'exécution des travaux d'approche de la place et la brillante prise d'assaut du fort du Pénitencier, le siège de Puebla commençait à traîner en longueur. Les Mexicains nous disputaient pied à pied les maisons mêmes de la ville, et nos pertes en soldats de toutes les armes, et principalement des armes spéciales, devenaient sensibles. L'envoi de renforts fut décidé.

Lieutenant au 1ᵉʳ régiment du génie, j'embarquai le 23 mai 1863, à Cherbourg, avec un détachement de 30 sapeurs, sur la frégate-transport l'*Entreprenante* qui appareilla le lendemain 24, emportant à destination de Vera-Cruz, en sus de ma petite troupe, même nombre d'hommes et aussi un lieutenant des deux autres régiments de l'arme (1), deux demi-batteries d'artillerie (2) et quelques officiers isolés (3).

---

(1) Lieutenants Philippe, du 2ᵉ régiment du génie, aujourd'hui général de brigade du cadre de réserve, et Cardin, du 3ᵉ, décédé intendant militaire du cadre de réserve.

(2) Capitaines Bonnefond, aujourd'hui général de division du cadre de réserve, et Petitjean (perdu de vue); et lieutenants Jorna de Lacale et Moreau, aujourd'hui colonels en retraite.

(3) Lieutenant-colonel du génie Doutrelaine, chef d'état-major du génie désigné du corps expéditionnaire, décédé général de division, président du comité du génie; capitaines d'état-major Vosseur, aujourd'hui général de division du cadre

A Fort-de-France (Martinique), où nous mouillions le 14 juin, pour n'en repartir que le 19, on nous donnait la nouvelle de la prise de Puebla et de la marche de l'armée sur Mexico.

Le 29, dès le matin, nous voyions s'élever progressivement au-dessus de l'horizon le Pic d'Orizaba, le *Citlaltepetl* ou « montagne de l'Étoile (1) » des anciens Mexicains, dont le soleil faisait resplendir la cime neigeuse. Le magnifique cône a 5,700 mètres d'élévation et, bien que distant de 25 lieues de la côte, s'aperçoit de 40 lieues en mer.

Dans l'après-midi du même jour, nous jetions l'ancre en rade de Vera-Cruz et nous apprenions que Mexico, où les libéraux ne

---

de réserve, Bourcart, Guillet et Schnell (perdus de vue); lieutenant de chasseurs d'Afrique Gautier (perdu de vue).

(1) *Citlalli* « étoile », et *tepetl* « montagne ». Le P. Sahagun et Clavijero appellent le Pic d'Orizaba *Poyauhtecatl*. Clavijero explique que les Tlaxcaltèques lui donnèrent ce nom en souvenir de leur premier établissement à *Poyauhtlan* sur la rive orientale du lac de Tezcoco, dans la vallée de Mexico.

nous avaient pas attendus, était occupé par nos troupes depuis le 7 juin.

On était en pleine saison de fièvre jaune, de *vomito negro*, et il eût été très imprudent de mettre à terre à Vera-Cruz, pour les y faire séjourner, les détachements que nous amenions. Les officiers seuls y allèrent avec quelques gradés, dans la soirée du 29 et le lendemain 30, pour vaquer aux préparatifs de mise en marche de leurs hommes et d'eux-mêmes.

Le 1er juillet, à deux heures de l'après-midi, nous montions en wagon, avec nos sapeurs débarqués dans la matinée, et faisant commodément notre première étape, la plus dangereuse de toutes, nous étions transportés jusqu'à La Purga, à sept lieues et demie dans les terres, au point extrême du premier et unique tronçon, de 32 kilomètres, alors ouvert du chemin de fer en construction de Vera-Cruz à Mexico. Là nous campions trois jours durant dans la brousse, en attendant l'arrivée d'un convoi en formation que nous devions escorter jusqu'à Mexico.

Le 4 juillet nous nous mettions en route, et le 28 nous arrivions à Mexico, ayant fait 96 lieues (1) en vingt et un jours de marche coupés de deux jours de repos, les 11 et 12, à Orizaba, et d'un arrêt de même durée, les 20 et 21, à Puebla.

Dans ce voyage de début nous avions suivi pas à pas les traces du corps expéditionnaire, et bien des incidents, qu'on nous racontait sur les lieux mêmes où ils s'étaient passés, nous avaient vivement impressionnés.

Dès le premier jour, entre **La Purga** et le village de **La Soledad**, à **El Arroyo de Piedras**, en un point où la route traverse une brousse propice aux embuscades, nous trouvions des débris d'un convoi de vingt voitures surpris et brûlé plus d'un an avant, le 10 juin 1862, par

(1) Lieues mexicaines de 4,190 mètres (5,000 *varas* de 0^m,838).

des *guerrilleros*. Ces bandits avaient pendu sept cavaliers du train et deux cantiniers, et massacré deux vivandières sur le corps desquelles ils s'étaient ignoblement acharnés.

Trois jours après, nous passions à Camaron et rendions les honneurs militaires devant la masure et l'enclos délabré où, deux mois à peine avant notre passage, le 1er mai, une compagnie du régiment étranger, forte de 62 hommes et 3 officiers, sous les ordres du capitaine Danjou, avait tenu en échec plus de 2,000 fantassins et 800 cavaliers libéraux, mettant hors de combat 300 Mexicains dont 200 morts. Ces héros se défendirent de neuf heures du matin à six heures du soir par une chaleur suffocante, aucun d'eux n'ayant mangé depuis la veille ni bu depuis le matin. Deux officiers, dont le capitaine, succombèrent dès le début, le troisième était plus tard blessé à mort. Vingt sous-officiers et soldats étaient tués et vingt-trois blessés, dont sept moururent de leurs blessures; les autres furent faits prisonniers, à l'exception d'un tambour laissé pour mort et qui, recueilli le lendemain, donna les premiers détails sur le combat.

A Orizaba, nous faisions, par le chemin en lacets récemment construit, l'ascension du Cerro Borrego, élevé de plus de 300 mètres au-dessus de la ville. Dans la nuit du 13 au 14 juin 1862, le capitaine Détrie, du 99ᵉ de ligne, officier d'une énergie exceptionnelle, y grimpait avec sa compagnie par des pentes abruptes, d'apparence absolument inaccessibles, et, avec l'aide d'une deuxième compagnie venue à sa suite au bruit des premiers coups de feu, en délogeait 2,000 Mexicains, leur tuant 250 hommes, leur prenant trois canons, un drapeau et trois fanions, et faisant 200 prisonniers. Il avait sauvé du coup le faible corps expéditionnaire du général de Lorencez, que l'occupation par l'ennemi de cette position dominante aurait obligé à évacuer la ville.

Au delà d'Orizaba, ce furent les Cumbres d'Aculcingo, gigantesque barrage de fond de vallée, que nos soldats escaladèrent gaillardement, le 28 avril 1862, pour déloger du sommet les 4,000 Mexicains qui prétendaient les y arrêter.

A Puebla enfin, nous n'eûmes pas trop de deux jours pour visiter les tranchées du dernier siège et suivre, au travers des maisons éventrées par nos boulets et nos mines, les traces encore fraîches de nos colonnes d'assaut, sans oublier les forts de Guadalupe et de Loreto et le terrain en avant où s'était développée l'attaque malheureuse du 5 mai 1862.

Et pour qu'en fait de choses du Mexique, *cosas de Méjico*, il ne manquât rien à notre initiation, nous eûmes, une première fois entre Paso del Macho et El Atoyac, au débouché du pont du Chiquihuite, une deuxième à la descente du Rio Frio, le *guerrillero* ou *ladron*, le partisan ou voleur, c'était souvent tout un, pendu de la veille à une branche d'arbre au bord de la route.

La langue généralement usitée au Mexique

est l'espagnol que les indigènes mêmes, les Indiens (1), comprennent et parlent, tout en se servant encore entre eux du nahuatl, de la langue de leurs ancêtres, dont quantité de mots ont passé, à peine modifiés, dans le langage courant (2).

Grâce à l'heureuse idée que j'avais eue au lycée d'apprendre l'espagnol, de préférence à l'anglais qu'on y enseignait également, il ne me manqua, au début de ma campagne au Mexique, que certaines locutions et intona-

(1) La dénomination d'*Indiens* attribuée aux indigènes de l'Amérique paraît étrange ; en voici l'explication. Christophe Colomb, lorsqu'il découvrit le Nouveau-Monde, crut avoir rencontré l'Inde en allant toujours à l'ouest. Quand on s'aperçut de l'erreur, les mots *Indes* et *Indiens*, appliqués à l'Amérique et à ses habitants, étaient passés dans l'usage. Ils furent conservés, mais on distingua depuis lors les unes des autres, les *Indes orientales* et les *Indes occidentales*.

(2) C'est ainsi que les Espagnols ont fait : *petate* de *petlatl* « natte » ; *chile* de *chilli* « piment » ; *zacate* de *zacatl* « fourrage de tiges de maïs » ; *acale* de *acalli* « bateau » ; *acalote* de *acalotli* « canal » ; *coyote* de *coyotli* « chacal mexicain » ; *guajolote* de *huexolotl* « dindon » ; *ocelote* d'*ocelotl* « chat-tigre » ; *chocolate* de *chocolatl* ; *tomate* de *tomatl*, etc., etc. On remarquera que les trois derniers mots sont également devenus français.

tions usuelles que j'eus vite fait de m'approprier, et j'eus bientôt l'agrément de pouvoir converser avec les habitants dans leur idiome, et de ne pas perdre un mot ni un détail des curieuses scènes de la vie courante de contrées où tout était nouveau pour moi.

De ces scènes, et des sites pittoresques qui s'offriraient à ma vue, je comptais remplir l'obligatoire album à dessiner (1) dont je m'étais muni pour aller au pays du soleil. Mais, hélas! combien il me fallut rabattre de mes prétentions!

Lorsque, à deux journées de marche de Mexico, dans la traversée du col de Rio Frio dont l'altitude atteint 3,300 mètres, la pointe nord de la croupe neigeuse de l'Iztaccihuatl m'apparut soudain, à 7 ou 8 kilomètres à peine de distance et à 1,500 mètres plus haut, s'enlevant superbement sur un ciel du

(1) Universellement remplacé aujourd'hui par l'instantané photographique, moins artistique assurément, mais commode et bien utile aux touristes et explorateurs peu versés dans l'art du dessin.

plus bel azur en un merveilleux cadre de verdure, l'album sortit comme de lui-même de ma poche. Et me voilà, assis sur un tronc d'arbre, m'escrimant d'un crayon maladroit à traduire le charme de ce paysage d'une idéale splendeur.

Je fus bientôt conscient de mon impuissance, et j'allais m'assurer s'il n'y avait pas autour de moi quelque importun se raillant de mes pénibles essais, quand mon regard tomba sur la peinture à la gouache que faisait tout à côté un officier d'artillerie (1), artiste de valeur, ami et ancien compagnon d'atelier de Gérôme. D'une touche magistrale le camarade fixait, comme en se jouant, sur le vélin le fin profil et les tons éclatants de l'orgueilleuse cime.

Ce rapprochement fortuit d'un talent réel et de mon incapacité si notoire eut un effet immédiat. Fermé d'un coup sec, l'album regagna bien vite ma poche et, dès l'arrivée

(1) Capitaine Petitjean.

au gîte, fut relégué au fond d'une cantine d'où il ne sortit plus.

§ 2. — *Premier séjour à Mexico.*

La ville de Mexico. — Chapultepec. — L'arbre de la *noche triste*. — Tacubaya. — San-Angel. — Guadalupe. — Les *serenos*. — Le jour des Morts.

Je restai à Mexico plus de trois mois, y remplissant les fonctions d'adjoint au nouveau chef d'état-major du génie (1) avec qui j'étais arrivé, et entre temps je fus promu au grade de capitaine (décret du 13 août) et classé à l'état-major du génie du corps expéditionnaire.

J'eus le loisir de parcourir en tout sens la grande et superbe ville bâtie par Fernand Cortès sur les ruines de l'ancienne Tenochtitlan dont il n'avait pu se rendre maître qu'en la démolissant pierre à pierre.

Au centre, encadrant magnifiquement la grand'place, la *Plaza mayor* aux propor-

---

(1) Lieutenant-colonel Doutrelaine que le décret du 13 août 1863 fit colonel.

tions immenses, on remarque tout d'abord : la sévère et imposante cathédrale édifiée à l'emplacement du temple principal de Tenochtitlan, et qu'accote bizarrement la façade *churriguerresque* (1) de l'église paroissiale, du *Sagrario;* le Palais national, demeure du chef de l'État qu'habita l'empereur Maximilien, spacieuse construction un peu banale où trouvent place toutes les administrations; l'élégant Palais municipal ou *Diputacion;* et enfin le *Portal de Mercaderes*, galerie couverte où les mal odorantes cuisines portatives des marchandes de victuailles à l'usage du bas peuple, installées en plein vent au pied des piliers des arcades dont elles encombrent les baies, contrastent péniblement avec les beaux étalages des magasins de l'intérieur.

(1) Le style *churriguerresco*, ainsi appelé du nom de l'artiste Churriguerra qui le mit en vogue en Espagne et au Mexique au dix-huitième siècle, est caractérisé par une profusion d'ornements d'un goût médiocre et par le mépris le plus absolu des règles de l'architecture classique. C'est le similaire du style *rococo* qui florissait en France à la même époque.

Le parvis de la cathédrale est clôturé de lourdes chaînes d'ancre, épaves de navires naufragés apportées là à je ne sais quelle époque, lesquelles chaînes, soutenues de distance en distance par de hautes bornes de pierre, ont donné leur nom au large promenoir dallé et ombragé qui les longe, au *Paseo de las Cadenas*, rendez-vous habituel du beau monde de Mexico.

C'est sur la *Plaza mayor*, au *Paseo de Bucareli* et dans la longue et luxueuse rue qui, sous les noms successifs de *Calle de Plateros* 1ª y 2ª, *Calle de San-Francisco* 1ª, 2ª y 3ª, etc., relie l'une à l'autre place et promenade, qu'à certaines heures l'animation est la plus grande. Et c'est également sur ce parcours, ou à ses abords immédiats, qu'on peut admirer quelques autres beaux monuments tels que : l'ancien palais de l'empereur Iturbide, devenu après lui l'hôtel Iturbide ou des Diligences générales, édifice dont la façade, *churriguerresque* comme celle du *Sagrario*, mais plus sobrement traitée, ne manque pas de charme; la maison des *azulejos*, aux grâcieuses façades revêtues de carreaux de faïence; la confortable maison que se fit construire Joseph de Laborde, le premier Français autorisé par le roi d'Espagne à s'établir au Mexique, habitation au 2ᵉ étage de laquelle fut installé le cercle des officiers de notre corps expéditionnaire; le Théâtre national et l'École des mines, avec leurs correctes façades où l'architecture classique a repris ses droits, etc., sans oublier le Jardin public, l'*Alameda*, dont la rue côtoie les délicieux ombrages.

Plus en dehors, c'est au sud-ouest, remplaçant la maison de plaisance de Montézuma sur le rocher isolé de *Chapultepec* ou « montagne de la Cigale (1) », un château moderne servant d'école militaire, et où le chef de l'État a sa résidence d'été; et au pied du rocher le bois des *ahuehuetes* (2) bien des fois centenaires,

---

(1) *Chapolin* « cigale », et *tepetl* « montagne ».
(2) Le nom scientifique de l'*ahuehuetl* est « cupressus disticha ».

dont une singulière plante parasite, qu'on ne trouve que là, enguirlande les branches de ses fines et longues franges grises.

Et ce sont encore, au nord et au sud de la ville, les fontaines, *churriguerresques* toujours, de la Tlaxpana et du Salto de agua, ornant respectivement les points d'arrivée des *cañerías*, des conduites de San-Cosme et de Belen qui amènent à la ville, la première, l'eau *delgada* « légère » des sources de Los Leones, d'El Desierto et de Santa-Fe, la seconde, l'eau *gorda* « lourde » de l'antique réservoir de Chapultepec.

A l'extérieur j'allais voir : du côté ouest, au village de Popotla, l'arbre de la *noche triste*, de la « triste nuit », le vieil et énorme *ahuehuetl* bien décrépit, mais vivant quand même aujourd'hui encore, au pied duquel Fernand Cortès, échappé à grand'peine de Tenochtitlan après un terrible combat de nuit, s'assit et pleura, dit-on ; au sud-ouest, Tacubaya où tout richard de la capitale a son opulente villa ; et plus loin San-Angel, autre lieu de villégiature et surtout ville de jeu, le Monte-Carlo de Mexico comme Tacubaya en est le Saint-Cloud.

Au nord enfin, à une lieue de distance, à Guadalupe, autrefois *Tepeyacac* ou « la pointe du mont (1) », je visitai le vénéré et richissime sanctuaire de Notre-Dame de Guadalupe, la patronne du Mexique, élevé en l'honneur de la sainte Vierge qui apparut à plusieurs reprises, du 9 au 12 décembre 1531, à l'Indien Juan Diego, et lui laissa son image miraculeusement peinte sur un grossier *ayate* (2) de fibre d'aloès. A mi-côte de la croupe rocheuse que domine la chapelle du *Cerrito* construite à l'endroit même où eut lieu l'apparition, un curieux ex-voto attire de loin le regard : c'est un navire aux voiles déployées, fait tout entier de pierre et de ciment.

(1) *Tepetl* « montagne », et *yacatl* « pointe, nez ».
(2) En nahuatl *ayatl*, pièce de toile carrée dont les Indiennes se servent pour porter à dos leur nourrisson ou toute autre charge quelconque.

Surpris d'abord la première nuit que je passai à Mexico, je m'habituai bien vite aux cris horaires d'alerte jetés d'une voix traînante par les *serenos*, les honnêtes veilleurs munis de lanternes et bien armés qu'on a plaisir à rencontrer, et dont on aime à se faire accompagner, quand on rentre tard chez soi par les rues obscures où le banditisme nocturne florissait alors et n'a, j'imagine, pas encore cessé de s'exercer :

« *Ave María purísima! Son las doce y sereno* »,

« Je vous salue, Marie très pure ! Il est minuit et le ciel est serein » ;

ou encore :

« *Dieron las tres y llueve,* trois heures ont sonné et il pleut. »

Et rêvant j'approuvais cela, comme fait de la lettre du roi la *camarera mayor* de Ruy Blas :

« Le *sereno* nous dit l'heure et le temps qu'il fait ;
C'est fort bien. »

Durant ce premier séjour dans la capitale

du Mexique, je fus témoin de l'étrange manière qu'ont les Mexicains de fêter le jour des Morts.

M. Jules Leclercq (1) raconte que le 2 novembre, à Morelia où il s'est trouvé ce jour-là, les *tiendas*, les boutiques, débitent toutes sortes de sucreries représentant des cercueils, des fémurs, des tibias, des têtes de mort grandeur naturelle dont les yeux sont illuminés par une flamme intérieure; et que l'usage est d'offrir ces funèbres cadeaux aux parents et amis.

On fait mieux à Mexico. Il y a au milieu de la *Plaza mayor* une plate-forme circulaire d'une cinquantaine de mètres de diamètre, élevée d'environ un mètre au-dessus du sol, où l'on accède par cinq ou six degrés disposés aux quatre points cardinaux. C'est le *Zócalo*, le « Socle », ainsi appelé parce qu'il y a été dressé dans le temps une statue équestre (2). Ce vaste espace

---

(1) *Voyage au Mexique,* par Jules LECLERCQ. Paris, Hachette, édit., 1885.

(2) La statue équestre de Charles IV, roi d'Espagne, œuvre de don Manuel Tolsa, fut érigée, le 29 novembre 1803,

est recouvert au jour dit d'une tente sous laquelle les confiseurs les mieux achalandés viennent étaler leurs friandises macabres. Et toute la soirée les belles créoles mexicaines y affluent, autant pour s'y montrer en élégante toilette de deuil que pour y faire leurs emplettes. « Fête des morts » chez nous, c'est la « fête des cadavres », *funcion de cadáveres* au Mexique.

§ 3. — *Campagne de l'Intérieur*.

Le poisson parleur du rio de Lerma. — Le bassin à baigner les chevaux de Lagos. — Le lac de Chapala. — A Queretaro : le combat de coqs.

Le gros de l'état-major du génie (1), dont je fis partie, quitta Mexico le 16 novembre

au centre de la *Plaza mayor* et fut solennellement découverte le 9 décembre suivant. Elle resta là jusqu'après l'Indépendance ; mais, en 1823, le gouvernement, redoutant pour elle l'exaltation du peuple, l'en fit retirer, et on la remisa dans la cour de l'Université. On la réédifia en 1852 à l'entrée du *Paseo Nuevo* ou de *Bucareli* où elle est encore.

(1) Portion principale de l'état-major, composée comme il suit :

pour prendre part à la campagne de l'Intérieur. J'y comptai 280 lieues parcourues en quarante-deux étapes, et trente-deux jours de station ainsi répartis : un jour (18 novembre) au camp de Jajalpa, un autre (26) à Maravatio, trois jours (28 au 30) à Acambaro, deux jours (4 et 5 décembre) à Celaya, trois (8 au 10) à Salamanca, un (13) à Silao, onze (17 au 27) à Lagos, un (2 janvier 1864) à Tepetitlan, cinq (7 au 11 janvier) à Guadalajara, trois (19 au 21) à La Piedad, et un (26) encore à Salamanca. Je fus au retour laissé

Commandant le génie : général de brigade Vialla, décédé général de division en retraite.
Chef d'état-major : colonel Doutrelaine.
Commandants : Bressonnet, décédé général de division en retraite, ancien président du comité du génie, et Barrillon, décédé colonel.
Capitaines : Mahieu, décédé général de brigade du cadre de réserve; Dutilleux, décédé lieutenant-colonel en retraite; Mélard, décédé colonel, et Lussan.
Demi-compagnie du génie de réserve : capitaine Chrétien, décédé lieutenant-colonel, et lieutenant Massu, aujourd'hui général de brigade du cadre de réserve.
Parc : Commandant Hallier, décédé général de brigade en retraite.

à Queretaro où nous étions arrivés le 28 janvier, et d'où je devais me rendre à San-Luis Potosi, à 57 lieues plus au nord.

Nous avions sillonné dans tous les sens la région dite du *Bajio,* riche et populeux bassin où coule le plus beau cours d'eau du Mexique, le fleuve appelé « rio de Lerma » dans sa partie haute, depuis Lerma où un marais, au milieu duquel est assise la petite localité de ce nom, lui donne naissance, et « rio Grande », ou « de Santiago », ou encore « rio *Tololotlan* », ou « de Guadalajara » dans son cours inférieur jusqu'à l'océan Pacifique. Nous eûmes à franchir, soit sur le fleuve même, soit sur ses affluents de rive droite, quelques gués difficiles où le lourd convoi qui nous suivait eut pas mal de peine à passer.

A Acambaro, nous profitâmes, le commandant Bressonnet et moi, d'une après-midi de loisir pour aller pêcher à la ligne au rio de Lerma de faible largeur en cet endroit, et nous y découvrîmes le « poisson parleur », sorte de poisson blanc appartenant sans doute à l'une des espèces d'*iztacmichin* (1) mentionnées par Clavijero (2). Nous entendîmes très distinctement, au moment où la ligne l'enlevait doucement pour l'amener à portée de la main, de faibles cris... ouah..., ouah..., ouah..., qu'il semblait pousser en ouvrant la bouche, et nous attribuâmes ce bruit, ce gargouillement à des bulles de gaz s'échappant de sa vessie natatoire (3).

Raconterai-je une petite malice que je fis, au cours de cette grande opération de guerre, à quelques camarades, capitaines ou lieutenants tous à peu près de mon âge? La plaisanterie ne fut pas bien méchante, elle ne fit tort à personne, et un éclat de rire général en fut la fin. La voici :

(1) *Michin* « poisson », *iztac* « blanc ».
(2) *Histoire ancienne du Mexique*, liv. I.
(3) Pareille singularité est signalée, dans un article intitulé « Les poissons qui parlent » du journal *La Nature* (n° 1616 du 14 mai 1904), comme ayant été remarquée chez d'autres poissons, et notamment chez le grondin.

Dans la soirée du 16 décembre, à Lagos, où nous étions arrivés le jour même, un ordre du général en chef nous fut remis, prescrivant l'aménagement, à la rivière qui était proche, d'un bassin où les chevaux des six escadrons de chasseurs d'Afrique de la colonne pussent être baignés dès le lendemain. J'étais de service de jour : à moi échut le soin d'étudier immédiatement la question et de faire d'urgence le nécessaire.

— « Ne perdez pas un instant », me dit notre chef d'état-major en mettant à ma disposition la demi-compagnie du génie de réserve qui marchait avec nous et son lieutenant.

Notre première pensée à tous et au chef d'état-major lui-même, au reçu de cet ordre, avait été qu'il était matériellement bien difficile, sinon impossible, d'organiser en une nuit le bain pour chevaux demandé, la rivière, que nous avions passée à gué le matin, n'ayant, nous nous le rappelions, qu'un blanc d'eau recouvrant à peine le sable de son lit sans profondeur. Mais il me vint, à la réflexion, une autre idée plus rassurante que je gardai pour moi, et je partis plein de confiance.

— « Que ferais-tu à ma place ? » dis-je, dès que nous sommes dehors, au lieutenant du génie (1) qui m'accompagne, ami de régiment dont je n'étais que depuis quatre mois à peine le supérieur en grade.

— « Je n'en sais, ma foi, rien », me répond le camarade, « et je me demande comment tu t'en tireras. »

— « C'est bien simple ; tu vas voir. »

Par un beau clair de lune je fouille du regard la rue, peu fréquentée à cette heure tardive, où nous nous sommes engagés, et je hèle bientôt à la mexicaine un indigène que j'aperçois drapé jusqu'aux yeux dans son *zarape*, dans la couverture mexicaine qui lui sert de manteau.

— « *Hombre ?* Hé ! l'homme ? »

— « *Mande usted*, ordonnez », s'empresse de

(1) Lieutenant Massu.

répondre l'interpellé qui vient aussitôt à nous et se découvre respectueusement.

— « Où baigne-t-on les chevaux ici? »

— « *Al rio, Señor amo,* à la rivière, Monsieur le maître. »

— « A la rivière? Mais il n'y a même pas assez d'eau pour tremper leurs sabots! »

— « On y a arrangé un endroit tout exprès. »

Voilà ce que j'avais deviné, ce dont j'étais sûr. Il n'était pas, m'étais-je dit, admissible qu'en un pays où tout le monde monte à cheval, dans une ville importante située au bord d'un cours d'eau, on n'eût pas depuis longtemps avisé aux moyens de faire baigner commodément les chevaux.

Le brave Indien nous mena voir, à une demi-lieue de distance, l'endroit en question. Il y avait là, entre deux murs de soutènement parallèles, un beau bassin d'eau courante, de largeur et profondeur convenables, où les chevaux pouvaient entrer par un bout et ressortir par l'autre. L'installation ne laissait rien à désirer. « Je vais rire un peu demain matin », dis-je alors, enchanté de ma trouvaille, au lieutenant en lui montrant, juste en face et à moins de cent mètres de cette baignade, le campement de la cavalerie.

A l'aube, j'étais à cheval, mon ordonnance derrière moi, à la porte de l'habitation occupée par l'état-major général. Je faisais réveiller l'officier de service, et le priais de vouloir bien m'accompagner pour reconnaître la baignade dont l'organisation avait été ordonnée la veille.

J'allai avec lui, d'abord aux tentes de l'état-major de la brigade d'avant-garde où un second camarade s'adjoignit à nous dans les mêmes conditions, puis au camp des escadrons où je fis également monter à cheval les six officiers de semaine.

Et quand j'eus mes huit officiers réunis en un gentil peloton, je leur fis faire cent pas, et les alignai sur la margelle même du bassin à baigner les chevaux qui, depuis vingt-quatre heures, crevait les yeux à nos cavaliers.

Au retour de Guadalajara par le sud, nous longeâmes toute une matinée la rive septentrionale du lac de Chapala où le rio Grande pénètre par l'extrémité est du côté nord, pour en ressortir du même côté à quelques lieues plus loin. Cette magnifique nappe d'eau limpide, la plus belle que possède le Mexique, s'étale sur 28 lieues environ d'étendue de l'est à l'ouest, et 4 à 7 au plus du nord au sud, ce qui permet à l'œil d'embrasser dans ce dernier sens l'ensemble des deux rives. Elle est encadrée, au sud comme au nord, de montagnes verdoyantes du plus pittoresque aspect, et, ainsi que le dit le général du Barail (1), « la Suisse n'offre rien d'aussi beau ». Il faisait un temps superbe, l'air était frais comme à nos plus riantes matinées de printemps, et c'était

---

(1) *Mes Souvenirs,* par le général DU BARAIL. Paris, Plon, édit., 1896.

une vraie fête pour les yeux. Le général relate la belle chasse d'oiseaux aquatiques qu'y firent ses officiers. La pêche n'y est pas moins abondante, et les pêcheurs indigènes nous apportèrent quantité d'excellents poissons dont nous nous régalâmes à l'étape prochaine.

Laissé, je l'ai déjà dit, en arrière à Queretaro où je restai quelques jours, j'y fis la connaissance de deux officiers de marine (1) faisant à terre fonctions d'officiers d'artillerie, lesquels, comme moi, devaient se rendre à San-Luis Potosi avec leur demi-batterie de montagne desservie par des marins de la flotte; et nous nous arrangeâmes aussitôt, eux et moi, pour vivre ensemble.

J'eus, avec ces deux aimables camarades de l'armée de mer, l'occasion, qui ne s'est plus représentée depuis, de voir un combat de coqs.

L'arène en miniature, la *plazuela de gallos*,

(1) Lieutenant de vaisseau Baron (perdu de vue), et enseigne X (nom oublié).

était installée dans un *corral*, dans une de ces vastes cours où l'on parque les chevaux et les mules. L'assistance était peu choisie : c'était, suivant l'expression usitée pour désigner la classe moyenne, du *medio pelo*, du demi-poil ; pis que cela même, le *pelado*, le déclassé besogneux, et le *lepero*, le voyou en haillons, y dominaient.

Mis en présence des deux côtés d'une raie tracée sur le sol au milieu de la petite *plaza*, les deux adversaires furent lâchés l'un sur l'autre, après que leurs propriétaires respectifs les eurent suffisamment excités en leur arrachant des plumes, leur crachant à la figure…; et alors ce fut la bataille que nous avons tous vue dans nos basses-cours, mais singulièrement aggravée, chacun des combattants ayant l'ergot armé d'une lame de canif aiguë et bien coupante. A chaque coup bien porté, c'était, tantôt chez l'un, tantôt chez l'autre, une envolée de plumes et une estafilade d'où le sang jaillissait. Le combat était acharné ; mais les coqs, dont les forces s'épuisaient, s'affaissèrent bientôt tous deux. Leurs maîtres vinrent alors les relever et les remirent face à face, en les excitant encore de leur mieux. La lutte reprit, et se continua jusqu'à ce que l'un des combattants tombât inanimé; et le président proclama alors vainqueur le survivant qui ne valait guère mieux.

Et nous nous approchions du *lepero* gagnant pour caresser le vaillant volatile qu'il avait pris dans ses bras et semblait choyer; mais voilà que d'un tour de main rapide il lui tordit le cou en disant : « *Ya no sirve*, il n'est plus bon à rien ».

Cette scène me revint en mémoire, bien des années plus tard, à Paris, au Musée du Luxembourg, devant le « Vainqueur au combat de coqs » de Falguière. Et j'imaginai qu'au lieu du triomphant éphèbe qui emporte sous le bras gauche un superbe coq nullement endommagé et prêt à revenir au combat, l'éminent statuaire eût pu, avec moins d'archaïsme, j'en conviens, mais aussi avec plus de vérité, nous donner le *lepero* dépenaillé de Queretaro tordant le cou à sa volaille victorieuse, mais fortement déplumée. Seulement sur l'étiquette il lui eût fallu mettre en épigraphe : « *Ya no sirve* ».

§ 4. — *De Queretaro à San-Luis Potosi, et inversement.*

L'*hacendado* de La Erre. — La maison d'Hidalgo à Dolores, le cri d'indépendance. — Le Cerro de las Campanas à Queretaro. — Le préfet de San-Luis Potosi. — Le soleil au zénith.

Je partais, le 8 février 1864, de Queretaro pour San-Luis Potosi, avec un convoi escorté d'un bataillon d'infanterie et de la demi-batterie d'artillerie de montagne de nos marins, et faisais route par San-Luis de la Paz et Santa-Maria del Rio, sans autre arrêt qu'un jour de repos, le 15, dans ce dernier *pueblo*. J'avais avec moi un détachement de dix sapeurs du génie, commandé par un caporal, et deux mulets chargés d'outils de pionnier.

Je devais, aussitôt rendu à San-Luis Potosi, établir un projet d'organisation défensive du centre de la ville, que je remettrais à l'officier de la garnison que le colonel Aymard du 62ᵉ de ligne, commandant supérieur, désignerait pour l'exécuter, et reprendre trois jours après, avec l'escorte qui m'avait amené, le chemin de Queretaro, pour rentrer ensuite à Mexico.

Ainsi fut fait. Arrivés à San-Luis le 17 février, nous en repartions le 20; mais, au lieu de suivre le même itinéraire qu'à l'aller, nous effectuâmes le voyage de retour jusqu'à Queretaro par Valle de San-Francisco, Dolores et San-Miguel Allende. Le trajet, un peu plus long (60 lieues), fut fait en dix jours de marche au lieu de neuf, sans arrêt nulle part cette fois.

De passage à l'*hacienda* (1) de La Erre, le

---

(1) Après la conquête, la majeure partie des terres de l'empire de Montézuma fut répartie entre les conquérants et les premiers colons venus d'Espagne, dont les descendants créoles constituent au Mexique une véritable aristo-

25 février, ou peut-être, je ne m'en souviens plus trop, à celle de Trancas la veille, nous étions, au déclin du jour, les deux officiers de marine et moi, sur le devant de l'habitation, quand l'*hacendado*, l'*amo*, le maître, robuste vieillard de haute stature et de fière mine, parut à la porte et se tint debout, grave et digne, au haut du perron qui y donnait accès. Les derniers rayons du soleil, piquant de points brillants la guirlande de broderies d'or dont était chamarré le dessous des larges ailes de son *sombrero*, de son chapeau mexicain posé en arrière, cerclaient d'une auréole sa tête de patriarche à grande barbe blanche.

C'était l'heure du retour de ses fils, quatre ou cinq jeunes hommes beaux et forts qui chevau-

cratie. Telle est l'origine de ces immenses *haciendas*, de ces magnifiques domaines dont quelques-uns sont plus grands qu'un département français.

Les domaines ruraux moins importants sont des *ranchos* que possèdent ou tiennent à ferme des *rancheros*, campagnards rarement créoles, le plus souvent métis, quelquefois indigènes purs.

chaient d'habitude toute la journée de côté et d'autre dans l'immense domaine.

Ceux-ci arrivèrent bientôt, se suivant à de courts intervalles, et chacun, descendant de cheval à distance, s'avança d'un pas alerte et, montant les degrés, vint baiser respectueusement la main du père.

Nous nous tenions discrètement à l'écart, témoins émus de cette scène simple et grande, biblique; et, quand tous furent réunis, nous nous approchâmes du groupe.

Et ce fut alors un autre trait de mœurs, à citer encore bien que moins théâtral.

L'un des fils nous offrit des cigares et, nous voyant surpris de ce que le chef de famille seul se mettait à fumer avec nous, nous dit à mi-voix :

— « Nous ne fumons jamais devant notre père. »

J'ai appris depuis, de la bouche d'une personne d'âge très avancé qui me touche de près, que cette marque de déférence des fils à l'égard de leurs auteurs, consistant à ne pas se permettre de fumer en leur présence, était d'usage constant à Cadix, et sans doute aussi partout en Espagne, il y a quelque quatre-vingts ans. Et je me suis assuré qu'il en est de même aujourd'hui encore dans bon nombre d'honorables familles espagnoles, sinon dans toutes.

Quelques heures avant, à Dolores, où nous avions fait la grande halte, j'étais allé, avec les mêmes camarades de route, visiter la maison qu'avait habitée le fameux curé Hidalgo qui proféra, dans la nuit du 15 au 16 septembre 1810, le premier cri de liberté. Un vieil Indien, préposé à la garde de cette demeure historique, nous fit entrer dans la première pièce à gauche, où le prêtre patriote conféra avec ses amis toute la soirée du 15. Au milieu, nous dit notre cicerone qui prétendait avoir assisté à l'événement, et nous parut assez âgé pour avoir pu en effet être témoin d'un fait datant de cinquante-trois ans et demi, au milieu de la chambre il y avait une table autour de laquelle délibérèrent les conjurés, et dans le coin de gauche, au fond, une pile de chaises, *un montón de sillas*. A onze heures, le *padre* sortit, se rendit sur la place, et y poussa ce cri, le *grito de independencia* : « *Mejicanos, viva la religión! Viva la santísima Virgen de Guadalupe! Viva la independencia! Mueran los Gachupines* (1)! Mexicains, vive la religion! Vive la très sainte Vierge de Guadalupe! Vive l'indépendance! Mort aux Espagnols! »

L'anniversaire de cette nuit célèbre est fêté partout au Mexique. J'assistai, le soir du 15 septembre 1863, à Mexico, à la *funcion*, à la cérémonie qui eut lieu à cette occasion au Théâtre national. Le général Almonte, président du conseil de régence, y prononça le patriotique discours d'usage et le termina, à onze heures précises, par le cri traditionnel de

(1) En nahuatl *cactzopin* « dont la chaussure pique », mot composé de *cactli* « sandale », et *zopin* « qui pique ». Ce sobriquet fut donné aux Espagnols par allusion aux éperons de Fernand Cortès et de ses cavaliers.

Dolores : *Mejicanos, viva la independencia!* que les personnes présentes appuyèrent aussitôt d'un unanime *Que viva!* Et à ce moment solennel éclata soudain l'assourdissant *repique*, la sonnerie précipitée des cloches mises en branle, à toutes les baies des innombrables clochers de la capitale, par les hardis sonneurs indigènes qui, pour leur donner plus d'élan, s'y accrochent à la descente et se font un jeu de les faire tourner follement sur leurs axes de suspension. Et alors aussi pétards et fusées firent rage par toutes les rues. *Repiques y cohetes,* volées de cloches et pétards sont les amusements préférés des Indiens à qui tout est prétexte pour s'y livrer.

— « Que font en ce moment mes bons sujets les Mexicains ? » demandait certain roi d'Espagne à son vice-roi venu à la cour.

— « Ils sonnent les cloches et tirent des pétards, Sire. »

— « Et à présent que font-ils ? » demanda-t-il encore quelques heures plus tard.

— « Ils sonnent les cloches et tirent des pétards. »

— « Toujours, alors? »

— « Toujours, Sire. »

Le 15 septembre 1864, l'empereur Maximilien présida la *funcion* à Dolores même.

Je trouvai à Queretaro à mon arrivée, le 29 février, une décision me nommant chef du génie à San-Luis Potosi et me prescrivant d'y rester, décision réexpédiée de cette dernière ville où elle était parvenue trop tard. En attendant l'occasion de quelque troupe ou convoi avec qui je pusse marcher pour regagner mon poste, je m'occupai d'abord à rédiger les levés d'itinéraire des deux routes que je venais de suivre (1). Puis le chef du génie de Queretaro,

(1) Il avait été décidé, dès le début de l'expédition, que les officiers du génie feraient, s'il n'était déjà fait, le levé de toutes les routes qu'ils auraient à parcourir.

J'ai dressé ainsi les itinéraires de presque tous les trajets que j'ai effectués, faisant la besogne en entier quand j'étais seul de mon arme, la partageant avec les camarades quand nous étions plusieurs.

Mon lot dans ces précieuses reconnaissances, qui sont

chef de bataillon de l'arme (1), à la disposition de qui je m'étais mis, me donna à compléter, en l'étendant plus au loin de tous les côtés moyennant le levé des environs, un plan lithographié de la ville qu'on trouvait dans le commerce. Et quand, sur une sorte de terre-plein à mi-côte du Cerro de las Campanas, je stationnai près d'une heure, prenant de ce point dominant un grand nombre de visées de recoupement, je ne me doutais guère qu'à cette même place, trois ans plus tard, l'archiduc d'Autriche dont nous édifiions le trône tomberait sous les balles des Mexicains, à qui nous avions la folle prétention d'imposer sa souveraineté.

Le 15 mars je me joignais, pour revenir à San-Luis Potosi avec mes sapeurs et mes mulets porteurs d'outils, au 2ᵉ bataillon du 62ᵉ de

énumérées aux pp. 455 et 456 du t. II des *Archives de la Commission scientifique du Mexique*, est d'environ 525 lieues (2,200 kilomètres).

(1) Commandant Barrillon.

ligne qui allait, par San-Luis de la Paz et Santa-Maria del Rio, s'y réunir à l'état-major et à l'autre bataillon (le 1er) du même régiment. Les gîtes d'étape furent les mêmes qu'à mon premier voyage, il ne fut fait séjour qu'à l'*hacienda* de San-Diego le 17, et j'arrivai à destination le 24 mars.

Les travaux de défense, dont le général en chef avait entre temps approuvé le projet, n'étaient pas commencés. Ils n'étaient pas urgents, et le commandant supérieur avait attendu mon retour. Je me mis en mesure d'ouvrir les chantiers dès le lendemain, et allai à cet effet voir le *jefe político* ou préfet, le *señor* don D... R..., que je ne désigne que par les initiales de ses nom et prénom, afin de pouvoir conter plus à l'aise jusqu'au bout ce que j'ai à en dire.

Après m'être assuré que ce personnage, première autorité civile de l'endroit, avait reçu des instructions lui enjoignant de tenir à ma disposition tout l'argent qu'il me faudrait pour solder les travaux que j'allais entreprendre, je lui exprimai le désir de toucher chaque jour à quatre heures de l'après-midi, en commençant le jour même, la somme nécessaire pour payer les dépenses du lendemain ; et à sa demande : « Combien vous faut-il par jour? » je répondis : « Quarante piastres (200 francs), et je crois », ajoutai-je, « que la dépense totale n'excédera pas quinze cents piastres. »

— « C'est convenu, quarante piastres vous seront comptées chaque jour à quatre heures », reprit-il, et il eut à ce moment un singulier sourire dont la signification m'échappa.

Il fut donc fait selon mon désir, mes travaux marchèrent à souhait, et chaque soir travailleurs et fournitures étaient régulièrement payés avec les espèces remises la veille à mon ordonnance, contre un reçu provisoire signé de moi.

Au bout de trois semaines le préfet me voyait reparaître :

— « Mes travaux sont terminés », lui dis-je, « et j'ai la satisfaction de vous annoncer qu'ils n'ont pas coûté quinze cents piastres, mais seulement huit cents. Voici dûment acquittées les pièces justificatives de la dépense faite, en échange desquelles je vous prie de me faire remettre mes reçus journaliers. »

Cette fois ce ne fut plus un sourire que je surpris sur ses lèvres, ce fut de la stupéfaction qu'il manifesta.

— « Huit cents piastres seulement ? » s'écria-t-il.

— « *Nada mas*, rien de plus, *Señor jefe*, et je vous assure que je n'y ai pas mis de ma poche. »

— « Et dire », m'avoua-t-il alors, « que pour des travaux à peu près identiques, mais jamais aussi complets, faits à diverses époques et dont vous avez pu voir les traces sur les murs dans les rues, la ville a dû débourser chaque fois au moins cent mille piastres ! »

Était-il bien aussi étonné qu'il voulait le paraître, le digne fonctionnaire du nouvel empire ? Je ne saurais le dire. J'eus en tout cas l'explication de son étrange sourire un an plus tard quand, revenu de fort loin à la même ville, je demandai ce qu'était devenu le *señor* don D... R..., et appris qu'il avait lui-même empoché la forte somme représentant la solde de six mois de présence de quelques milliers de soldats indigènes censés levés par ses soins, et qui en réalité n'existèrent jamais que sur le papier. Cet insigne concussionnaire mexicain s'était moqué de ma naïve probité française. Je n'étais pas à sa hauteur !

Mon séjour à San-Luis Potosi dura quatre mois. Cette ville, l'une des plus belles du Mexique, est située dans la zone intertropicale, et par suite le soleil coupe deux fois dans l'année son parallèle.

Le passage de l'astre au zénith de la ville devant avoir lieu, en 1864, le 1er juin et le 10 juillet, nous eûmes, un camarade de mon arme (1) et moi, l'idée de le constater ; et à

(1) Capitaine en 2^d Rothmann, de la compagnie du génie attachée à la 1re division, aujourd'hui chef de bataillon en retraite.

l'une de ces deux dates, laquelle? je ne m'en souviens plus, nous saisîmes le moment où, à midi vrai, le soleil dardait d'aplomb sur notre tête. A cet instant précis nous n'eûmes plus d'ombre; comme le Pierre Schemihl de Chamisso et d'Hoffmann, nous l'avions perdue.

§ 5. — *Expédition sur Saltillo et Monterey.*

Catorce. — La plaine des cactus. — Escarmouche d'avant-garde. — Le défilé de La Angostura. — Le maïs géant. — Saltillo. — Monterey. — L'hidalgo récalcitrant, la famille Rivero. — Les soldats indiens de Mejia, le bon sergent.

La division mexicaine du général Mejia avait pris possession, le 25 décembre 1863, de San-Luis Potosi évacué sans résistance par les libéraux; et ceux-ci, revenus soudain sur leurs pas, avaient tenté en vain, le surlendemain 27, de le lui reprendre. L'arrivée de troupes françaises, venues pour tenir garnison dans cette importante capitale d'État, avait ensuite permis à nos auxiliaires d'aller, dès le mois de février 1864, occuper plus au nord, à mi-chemin de Saltillo, la région de Matehuala, El Cedral et Catorce, abandonnée également à leur approche par l'armée juariste et le président Juarez lui-même qui avait reporté plus loin encore, à Monterey, le siège de son gouvernement. Un nouveau retour offensif de l'ennemi fut brillamment repoussé à Matehuala (17 mai 1864), et nos alliés purent après cela se rapprocher de la côte du golfe du Mexique.

Il fut alors décidé que notre 1re division (de Castagny), dont les troupes étaient échelonnées de Queretaro, son quartier général, à San-Luis Potosi, se porterait en avant par El Venado, Matehuala et Saltillo, et que la division Mejia se dirigerait de même vers le nord par le pied des montagnes du Tamaulipas.

Le général de Castagny concentra sa division à San-Luis et, après avoir fait occuper la grande *hacienda* de Vanegas, à une étape au delà d'El Cedral, et y avoir fait diriger les approvisionnements nécessaires pour la traversée du pays pauvre en ressources de toute nature qui y fait suite, mit le 29 juillet ses troupes en mouvement avec Monterey pour objectif. Je partis avec elles comme adjoint au commandant du génie (1) de la division et spécialement chargé du parc.

La colonne, forte de 3,500 hommes, atteignait le 1ᵉʳ août la petite ville d'El Venado, où elle séjournait le 2, le 7 celle de Matehuala, le 8 le bourg d'El Cedral, et le 9 l'*hacienda* de Vanegas.

Le dernier jour, au lieu de suivre avec le gros de la division le trajet direct d'El Cedral à Vanegas, qui n'est que de 3 lieues et un tiers, je fis sur la gauche, avec un capitaine d'état-major (2) chargé d'une mission politique, un crochet de 13 lieues pour visiter un centre de mines important, la petite ville de Catorce pittoresquement située, à 2,730 mètres d'altitude, sur le versant ouest d'un massif monta-

---

(1) Commandant Bourgeois (Philippe-Adolphe), décédé colonel en retraite.
(2) Capitaine Lahalle (perdu de vue).

gneux isolé que signalent de loin les pics jumeaux du Cerro de los Angeles (1) qui a 3,220 mètres de hauteur absolue.

Redescendus dans la plaine à l'ouest de ces montagnes que nous avions dû franchir en les abordant par l'est, nous traversâmes, de l'*hacienda* de San-Cristobal à celle de Vanegas, la plus riche collection de cactus qui existe au monde. On en connaît, dit-on, au moins deux mille espèces : elles devaient s'y trouver toutes et bien d'autres encore. Il y en avait affectant les formes les plus bizarres, ayant les ressemblances les plus inattendues. Celle qui attirait le plus le regard, tant par sa grosseur comparable à celle d'un homme corpulent, et sa hauteur de 1^m 50 à 2 mètres, que par sa singularité, était celle appelée dans le pays *cabeza de vieja*, « tête de vieille », deux énormes boules oblongues côtelées verticalement et garnies de

---

(1) M. Jules Leclercq donne par erreur à cette montagne le nom de « *El Fraile*, le Moine », qui appartient à la cime la plus élevée du Nevado de Toluca.

piquants, disposées l'une sur l'autre, celle du dessus coiffée d'une belle perruque de cheveux gris longs et fins. Je l'ai retrouvée en France dans des serres, mais bien plus petite que là-bas.

A partir de Vanegas, où nous passâmes les journées du 10 et du 11 août, un bataillon de chasseurs à pied et un escadron de chasseurs d'Afrique nous précédèrent d'un jour ou deux et, refoulant rapidement l'ennemi, l'empêchèrent de détruire les digues des *presas*, ou réservoirs artificiels d'eau de pluie, et les norias des puits. Et ainsi les six étapes de la région comprise entre Vanegas et l'*hacienda* d'Agua Nueva, région connue sous le nom de « Désert d'El Salado », se firent, du 12 au 17, avec une facilité que ne permettait pas de prévoir l'émouvante relation, que nous avions entre les mains, des souffrances qu'y avaient endurées en 1847, dans leur marche en retraite, les troupes du général Santa-Anna venues au-devant de l'armée d'invasion américaine.

Le général de Castagny avait expressément défendu au capitaine commandant l'escadron (1), qui marchait en pointe d'avant-garde, d'avoir aucun engagement avec l'ennemi.

— « Ne m'effarouchez pas ces moineaux », lui avait-il dit.

Près d'arriver à l'*hacienda* d'Agua Nueva, nous voyons venir à nous un lieutenant de l'escadron.

— « Quoi de nouveau? » lui demande aussitôt le général.

— « Nous avions hier devant nous 200 cavaliers. »

— « L'ennemi est donc là? » dit le général déjà tout heureux.

— « Non, Mon général. Nous avons chargé et culbuté cette cavalerie. Ce n'était que l'arrière-garde de l'ennemi qui a reculé jusqu'au défilé de La Angostura. »

— « Le capitaine gardera les arrêts quinze jours pour avoir attaqué malgré ma défense. »

(1) Capitaine Laignaud (perdu de vue).

— « Mais, Mon général, le capitaine est blessé; il a reçu une balle à la cheville. »

— « Ah!... Eh bien », reprend, avec un soupir de résignation, le général subitement radouci, « Eh bien, nous le ferons officier de la Légion d'honneur. » — Et tous, et le général lui-même, nous fûmes heureux que cette blessure eût permis de ne pas tenir rigueur à l'intrépide capitaine de sa désobéissance à un ordre dont la stricte exécution eût placé ses braves chasseurs d'Afrique dans une situation par trop humiliante vis-à-vis d'un parti de cavalerie ennemie d'effectif à peine double (1).

Un autre désappointement nous était réservé. Quelques heures plus tard, à Agua Nueva, le

(1) Les médecins militaires déclarèrent unanimement, après examen de la blessure, que l'amputation du membre s'imposait. Le capitaine refusa formellement de se laisser couper la jambe, préférant mourir. Compatissant, un jeune docteur, dont je regrette de ne pas retrouver le nom, prit à tâche de le guérir quand même et, je ne saurais mieux dire, le remit sur pied, à l'infinie satisfaction et du blessé et du médecin.

bruit d'une forte explosion nous arrivait du côté du nord. Les libéraux avaient mis le feu à leur parc d'artillerie, et abandonnaient la forte position de La Angostura, défilé assez largement ouvert dont l'accès est surtout rendu difficile par un réseau, un dédale de ravinements de 6 à 8 mètres de profondeur, à parois verticales, que les eaux y ont creusés en un terrain consistant de nature argileuse.

Ce recul de l'armée juariste nous surprit d'autant plus qu'il y avait tout lieu de croire qu'elle tiendrait à honneur de nous barrer le passage à l'endroit même où, dix-huit ans avant, Santa-Anna avait, et en sens inverse encore, ce qui était plus difficile, arrêté les Américains. Elle était, paraît-il, menacée sur ses derrières par des troupes peu fidèles venues à sa suite à Monterey, et le président Juarez qui était là, ne voulant pas courir le risque de tomber entre nos mains, préféra se dérober et prendre la route de Parras pour gagner Chihuahua.

Le commandant de l'artillerie (1) de la division et moi fûmes chargés d'aller aussitôt reconnaître la position évacuée. Nous y trouvâmes quelques épaulements de batteries à moitié faits, huit pièces de canon et une trentaine de caissons intacts, et, tout au travers, des traînées de poudre qui n'avait pas pris feu. Il nous parut que les Mexicains s'y étaient bien mal pris pour détruire le matériel qu'ils ne pouvaient pas emmener.

Les abords du défilé étaient cultivés, et je dus y traverser à cheval des champs de maïs. Le sommet des tiges dépassait de beaucoup ma tête; elles devaient certainement avoir plus de 3 mètres de hauteur, plus du double de leur croissance habituelle dans nos pays, et elles étaient grosses à proportion. Mais n'est-il pas naturel que le maïs soit d'une plus belle venue dans son pays d'origine qu'ail-

(1) Commandant Vigier, mort de ses blessures le 24 août 1870 (siège de Metz).

leurs? La Providence fait toujours bien les choses.

Après un repos d'un jour à Agua Nueva, on alla camper le 19 à La Angostura même où est l'*hacienda* de Buenavista. Puis, le 20 août, tout le monde, général, officiers et soldats, fit un brin de toilette, les épaulettes prirent l'air, et notre colonne, qui venait d'effectuer, sans un traînard, une marche de dix-neuf étapes, de plus de 5 lieues de longueur moyenne, entreprise avec une certaine appréhension que motivait le désastreux précédent de l'armée de Santa-Anna, entra dans le plus bel ordre et l'allure fière à Saltillo, d'où elle repartit le 23 seulement pour faire, le 26, une entrée pareille à Monterey, à 22 lieues plus loin.

La capitale de l'État de Nuevo-Leon, Monterey, est pittoresquement assise sur la rive gauche du rio San-Juan, à la lisière des terres chaudes, entre deux hautes croupes arides de la Sierra Madre dénommées, à raison de leur forme, *la Mitra* et *la Silla*, « la Mitre » et « la Selle », et sur le flanc lisse et presque vertical de l'une desquelles se voit un grand trou noir, ouverture béante d'une grotte mystérieuse tellement inaccessible que l'on peut assurer que jamais homme ou animal aptère n'en a franchi le seuil. Au centre de la ville une magnifique source, un *ojo de agua*, forme, dans un vallonnet tapissé de verdure, un petit bassin naturel du plus gracieux effet.

Le billet de logement qui nous fut remis, à notre arrivée, assignait au commandant du génie et à son adjoint la demeure de M. Rivero, vice-consul d'Espagne, Espagnol lui-même. Cet agent d'une puissance étrangère excipa de sa qualité pour refuser de nous recevoir chez lui. Avait-il tort ou raison? Je ne sais trop ; mais il pleuvait, la chaleur et l'humidité, dont nous avait deshabitués le climat sec et froid des hauts plateaux, incommodaient et agaçaient tout le monde, et le moment était bien peu propice pour saisir du conflit le chef d'état-major de la division (1) qui avait fait lui-même le logement et, peu endurant d'ordinaire, était sûrement à cette heure d'humeur massacrante.

Je m'évertuai donc, dans sa langue à défaut du français qu'il ne parlait pas, à obtenir, par la persuasion, de M. Rivero qu'il nous donnât l'hospitalité au moins pour vingt-quatre heures, lui promettant d'aller ensuite ailleurs. Et pendant nos pourparlers, où mon interlocuteur le prenait peut-être d'un peu trop haut, le commandant, ne saisissant qu'assez mal le sens de ce qui se disait, s'impatientait et parlait déjà de s'installer de force, à quoi Mme Rivero qui, élevée à Bordeaux, savait le français et s'était bien gardée de nous en avertir, riposta fièrement : « *Contra la fuerza no hay razon*, Contre la force il n'est raison qui tienne », formulant ainsi la première et presque dans

---

(1) Lieutenant-colonel Lewal, décédé général de division en retraite, ancien commandant de corps d'armée, ancien ministre de la guerre.

les mêmes termes, pour nous le jeter à la face, le fameux principe « La force prime le droit », sous lequel Bismarck, le chancelier de fer, devait, sept ans plus tard, nous écraser en des circonstances autrement dramatiques que notre petite altercation.

Je dus, en fin de compte, mener notre récalcitrant au chef d'état-major. Brutalement éconduit, comme je l'en avais expressément prévenu en lui laissant l'entière responsabilité de l'avanie à laquelle il s'exposait, l'excellent hidalgo se calma aussitôt. Tout s'arrangea comme je le lui avais proposé, nous trouvâmes dès le lendemain à nous loger dans la maison d'en face, et nos relations avec les Rivero furent dès lors des plus suivies et des plus cordiales.

Nous passions chez eux la plupart de nos soirées, toutes fenêtres ouvertes, chacun se balançant dans son fauteuil à bascule canné, attirés, tous trois (1), par le plaisir, dont nous

(1) Le capitaine Rothmann, de la compagnie du génie divisionnaire, vivait avec nous.

avions été longtemps sevrés, de converser avec des personnes du meilleur monde. L'ami Rothmann et moi, nous nous constituâmes les chevaliers de leurs deux filles aînées, doña Hyginia et doña Modesta (1), et cela nous valut l'envié privilège d'être les danseurs préférés de ces charmantes jeunes filles et, en cette qualité, de venir, à la mode du pays, les prendre à domicile pour les accompagner au bal que la haute société de la ville donna aux officiers de la division dans la salle du théâtre.

M. et Mme Rivero, riches commerçants, avaient douze enfants dont l'âge variait de vingt ans à deux ou trois. Agée de quarante ans à peine, encore belle, femme de tête, très intelli-

---

(1) Les noms de ces demoiselles étaient, suivant l'usage en vigueur au Mexique, ceux des saints des jours de leur naissance, St-Hygin (11 janvier) pour la plus âgée, et St-Modeste (15 juin) pour l'autre. La règle s'étend aux jours qui n'ont qu'un nom de fête, et de là proviennent les noms de Trinidad, Natividad, Asuncion, Concepcion, ainsi que ceux de Carmen, Rosario, Dolores, Mercedes,... (de N. D. du Mont-Carmel, du Saint-Rosaire, des Sept-Douleurs, de la Merci...)

gente, Mme Rivero tenait en main tout son petit monde ; et je ne fus pas long à m'apercevoir et à lui dire, ce qu'elle reconnut exact et dont elle se divertit fort, qu'il semblait que pour plus d'ordre, et sans doute aussi en vue de la meilleure utilisation des coupons de son grand magasin d'étoffes, elle eût classé ses enfants en quatre groupes égaux, d'âge décroissant, savoir :

Les *blancs*, le fils aîné et les deux demoiselles dont j'ai parlé, dont l'âge variait de vingt à dix-sept ans, toujours en blanc ;

Les *bleus*, garçons ou filles âgés de seize à douze ans, mis en bleu quadrillé ;

Les *roses*, garçonnets ou fillettes de onze à six ans, vêtus de rose ;

Et enfin les *tout nus*, bambins ou bambines à simple chemise en bannière.

Fort jolies l'une et l'autre, *muy guapas,* doña Hyginia et doña Modesta ne se ressemblaient pas, pas plus qu'elles ne ressemblaient à leur mère, au point de vue... comment dirai-je?... au point de vue de la richesse du corsage. Mère et filles, chacune sut très bien, au bal, définir ce qui la différenciait des deux autres d'un mot que souligna finement un regard furtif abaissé sur son décolletage.

— « *Sobra,* trop » dit l'opulente *mamá*.

— « *Falta,* trop peu », dit Hyginia un peu maigre, *delgadita*.

— « *Basta,* ni trop ni trop peu », dit à son tour Modesta bien à point, *gordita*, et de formes exquises.

A-t-on compris qu'à la dernière allaient mes hommages? Rothmann, plus ancien de grade que moi, rendait hiérarchiquement les siens à doña Hyginia plus âgée.

Monterey avait été occupé dix-sept ans avant, en 1847, par l'armée d'invasion du général Taylor, et quelques officiers américains avaient, comme nous le faisions nous-mêmes, fréquenté le salon du vice-consul d'Espagne. Mme Rivero nous conta qu'ils tailladaient tous ses sièges avec leurs couteaux de poche. Un soir elle leur fit distribuer à chacun un *palito*, un bout de bois, en leur disant :

— « Coupez, taillez là-dessus à votre aise ; mais, pour l'amour de Dieu, ne dégradez plus mes fauteuils. »

Mme Rivero nous pria un jour à dîner et, comptant peu sur le savoir-faire de ses *criadas*, de ses servantes indiennes, nous demanda, pour la préparation du repas, l'aide de Bès, notre habile cuisinier qui, libéré du service six mois plus tard, resta à Mexico où je le retrouvai en 1866 tenant un restaurant.

— « Pourquoi ne prenez-vous pas des domestiques européens, comme vous le permet votre situation de fortune ? » lui dis-je à ce propos.

— « Nous l'avons essayé », me répondit-elle, « mais il est impossible de les garder. Les Mexicains, aux yeux de qui tous les Européens, à quelque classe qu'ils appartiennent, sont gens d'égale distinction, nous les enlèvent aussitôt. Nous avons eu un cocher anglais : quand il nous menait faire visite quelque part, nous avions de la peine à obtenir qu'on ne le fît pas descendre de son siège et entrer au salon au même titre que nous-mêmes. Au bout de peu de temps il nous quitta pour épouser une demoiselle de l'une des premières familles de la ville. »

Et cela me rappela qu'à San-Luis Potosi, un capitaine d'artillerie (1), mon camarade de promotion, invité à dîner par son hôte, ne fut pas peu surpris, en entrant au salon, d'y trouver, assis sur le canapé à côté de la maîtresse de la maison, son ordonnance qu'on avait convié aussi. Celui-ci, à la vue de son chef, se leva bien vite et s'esquiva, et le capitaine ne parvint pas à faire comprendre à la *señora* pourquoi *don Julio* (ou tout autre prénom qu'avait le canonnier) s'en était allé.

Et n'est-ce pas également à San-Luis Potosi,

(1) Capitaine Léon, décédé chef d'escadron démissionnaire.

et non à Mexico comme le dit par erreur le général du Barail, qu'après avoir épousé une riche héritière le capitaine M..., du 62ᵉ de ligne, ne réussit pas à empêcher sa belle-mère de convoler en secondes noces avec son ordonnance?

La division Mejia avait, comme il lui était prescrit, pris parallèlement à nous la direction du nord par le pied du versant est des montagnes du Tamaulipas. Les pluies rendirent sa marche très pénible dans cette région basse. Insuffisamment organisée au point de vue administratif, elle laissa beaucoup d'hommes en arrière, et le reste n'arriva à notre hauteur que le 8 septembre, exténué, en haillons, manquant de tout. Mejia put cependant, après quelques jours de repos, pousser jusqu'à Matamoros qu'il occupa sans coup férir le 26 septembre.

J'eus plusieurs jours comme travailleurs, à Monterey, pour la construction d'un ouvrage de fortification passagère, des soldats de cette division mexicaine en partie casernée dans la ville. Ces pauvres Indiens, qui venaient d'arriver et qu'on n'avait pas encore rhabillés, étaient à moitié nus. De mauvaises sandales, un débris de pantalon et une carcasse déformée de schako, sans même un lambeau de chemise, telle était la tenue plus que sommaire de la plupart. Émus de pitié, autant que de vergogne, à la vue de leurs compatriotes traversant la ville en si misérable accoutrement pour se rendre à mon chantier, les habitants leur jetaient de vieux vêtements par les fenêtres.

Les Indiens, cette race de vaincus maintenue de nos jours encore dans l'abjection où la plongèrent systématiquement les Espagnols, se montrent généralement très reconnaissants des bons procédés que l'on a pour eux. Le travail en question, où j'en employai une centaine, me fournit l'occasion d'en faire l'épreuve. Je fis savoir à ces malheureux qu'ils seraient payés, oh! pas cher, un *medio*, 33 centimes par jour. Le premier jour, un peu à cause de leur état de fatigue peut-être, aussi et surtout, je crois, parce qu'ils ne comptaient guère que rien leur arrivât de ce salaire qu'on remettrait sans doute à leurs officiers ou sous-officiers, ils firent peu de besogne. Mon sous-officier du génie surveillant, le sergent Clochette, peu versé en langue espagnole, y épuisa en vaines objurgations tout son vocabulaire de *sabir* algérien.

— « *Sí, Señor, sí, Señor sargento,* oui, Monsieur le sergent », répondait paisiblement chaque interpellé; mais son coup de pioche ou son jet de pelle restait mou, et le travail n'avançait pas.

Le bon sergent se désolait, et moi, confiant dans la surprise que j'avais ménagée à ces pauvres gens, je le rassurais... pour le lendemain.

Conformément à mes instructions, à la fin de la séance, Clochette fit défiler un à un devant lui tous les travailleurs, et dans la main de chacun il mit la modeste pièce d'argent, le *medio* promis. Il en avait apporté dans sa poche la provision nécessaire.

L'effet produit dépassa mon attente. Chaque soldat baisait aussitôt sa pièce, faisait avec elle le signe de la croix, et dans tous ces yeux doux et tristes je lisais une infinie gratitude. Le lendemain et les jours suivants, ce fut chez eux à qui donnerait le plus grand effort; chacun s'évertuait à contenter de son mieux mon surveillant, et la sueur ruisselait sur les torses bronzés. Et ce ne fut pas tout. Un mois plus tard, sur la place principale de Saltillo, des soldats de Mejia, rencontrant le sergent Clochette, reconnaissent en lui le sous-officier qui les payait si exactement à Monterey; et voilà que, dans un élan irrésistible de reconnaissance, ils se précipitent vers lui, l'entourent, le serrent, embrassent à l'envi ses mains, ses vêtements, toute sa personne.

— « *Buen sargento! Buen sargento!* Bon

sergent! » disent-ils tous, et lui, qui n'y comprend rien, s'agite, se démène, distribuant à la ronde coups de poing et coups de pied.

— « Voulez-vous bien me laisser tranquille, tas de pouilleux ! » leur crie-t-il en vain.

Il eut toutes les peines du monde à s'arracher à leurs effusions, et le hasard voulut que je fusse témoin de cette scène aussi touchante que comique.

§ 6. — *De Monterey à Durango.*

La *mesa* de Seguin. — Le vin de Parras. — Les cotonniers de Torreon.

La division Mejia refaite, on lui laissa la garde de ce coin du territoire mexicain entièrement évacué par les forces juaristes, et la division de Castagny quitta Monterey le 3 octobre, se rendant à Durango où elle devait remplacer une brigade de la 2e division (Douay) rappelée en France. Elle y arriva le 10 novembre suivant, ayant effectué ce grand trajet de 159 lieues, de l'est à l'ouest, en vingt-huit jours de route, avec deux jours de repos (7 et 8 octobre) à Saltillo, quatre (16 au 19) à Parras, deux (23 et 24) à Alamo de Parras, deux également (28 et 29) au campement de Torreon, et un (4 novembre) à l'*hacienda* de Yerbaniz.

Peu après avoir dépassé Saltillo, nous eûmes devant nous à l'horizon une de ces élévations de terrain auxquelles leur forme singulière a fait donner, au Mexique, le nom de *mesas*, de « tables ». La silhouette est celle d'une montagne large et haute, à pentes latérales bien accusées, qu'on aurait tranchée horizontalement à mi-hauteur, et dont la calotte ainsi détachée aurait disparu. Nous atteignîmes en deux ou trois jours cette *mesa* que nous devions franchir. Je me donnai la satisfaction de m'arrêter un instant au moment précis où mes yeux se trouvèrent exactement dans le plan du dessus, et d'en vérifier la régularité et l'horizontalité parfaites.

La *mesa*, au milieu de laquelle était, s'il m'en souvient bien, le *rancho* de Seguin où nous fîmes étape, avait plusieurs lieues d'étendue. Le plateau de Gergovie, près de Clermont-Ferrand, qui me l'a rappelée par sa forme, est beaucoup moins grand, moins régulier, et même, je crois, un peu incliné dans un certain sens.

La petite ville de Parras, où nous passâmes quatre jours, doit son nom, qui signifie « vignes », au magnifique vignoble qui pare les coteaux dont elle est environnée. C'est, sinon la seule, du moins la plus belle plantation de vignes du Mexique. J'en ai vu une autre, mais bien moindre, à l'*hacienda* de la Pila, au sud-est de San-Luis Potosi. Les vendanges étaient faites depuis peu quand nous arrivâmes à Parras, et les chais bien garnis. Les officiers s'approvisionnèrent de vin autant que le leur permirent les moyens de transport dont ils disposaient, et la troupe, privée depuis plus de deux ans du généreux liquide, s'en donna à cœur joie.

Dès le premier soir, bien des soldats s'en allaient titubant, chantant, faisant quelque désordre par les rues. Mais ce n'était plus l'ivresse mauvaise, querelleuse, que donne l'affreuse *aguardiente*, l'eau de feu du pays. C'était, qu'on me permette l'expression, hasardée sans doute, mais d'une vérité relative, c'était la « saine » et gaie déraison que procurent nos purs vins de France. Amusé de les voir si contents, le général commandant la division disait : « Laissez-les faire ; ne les punissez pas ; ils sont si gentils ! »

Plus loin, à Torreon, sur les bords du rio de Nazas, ce furent des plantations d'autre nature que je voyais pour la première fois, des cotonniers, aux souches basses (1) disposées en ran-

---

(1) Le cotonnier est vivace dans cette région. Plus au nord, ce n'est plus qu'une plante annuelle qu'il faut semer chaque année.

gées régulières comme nos ceps de vignes. Les fruits y étaient encore pendants, prêts à être cueillis, je pense, la déhiscence ayant eu lieu chez la plupart, qui, entre les valves étalées de leur capsule ouverte, montraient leur blanche touffe de coton enveloppant la graine.

§ 7. — *Expédition au nord de Durango.*

A Durango. — Le prisonnier du cheval arabe. — La montagne de fer. — Les scorpions de Durango. — Le sergent Clochette.

Après quarante jours de séjour à Durango, où quelques travaux de défense furent exécutés, le général de Castagny se mit en route, le 25 décembre, pour le port de Mazatlan, sur l'océan Pacifique, avec une partie de sa division organisée en colonne légère, et je fus laissé en arrière, sous les ordres du général Aymard, avec le reste, et le parc du génie modestement composé d'une lourde prolonge chargée d'outils et d'un faible détachement de sapeurs commandé par le sergent Clochette.

Du 9 février au 11 avril 1865, le général Aymard, réglant ses mouvements sur ceux de deux autres colonnes opérant plus à l'est, s'avança vers le nord par la route de Chihuahua, avec le 1ᵉʳ bataillon du 62ᵉ de ligne son ancien régiment, une batterie d'artillerie (1) et un escadron de chasseurs d'Afrique (2). Je pris part à cette expédition en pays de montagne avec mon petit parc dont la peu allante voiture, construite à Orizaba par nos sapeurs ouvriers d'art et baptisée « l'albatros », me donna de sérieuses inquiétudes à certaine montée fort rude qu'elle ne gravit qu'à l'aide d'un gros renfort d'attelages de la batterie d'artillerie.

Le 12 février nous arrivions à San-Juan del Rio, et le 15 à l'*hacienda* de San-Salvador que je mettais en état de défense. Repartis le 22, nous poussions d'abord jusqu'au *rancho* abandonné d'El Casco, et nous nous détournions

---

(1) Capitaine Pachon (perdu de vue).
(2) Capitaine Aubert (perdu de vue).

ensuite de la route de Chihuahua pour aller vers l'est, par le *pueblo* de Boca de Cobre, jusqu'à la petite ville de Nazas, sur le *rio* de ce nom, où nous arrivions le 26 février, ayant parcouru 72 lieues depuis Durango. Nous restions là en observation jusqu'à la fin du mois suivant, qui fut marquée par une reconnaissance faite, du 24 au 30 mars, à Boca de Cobre et aux *ranchos* d'Avino, de La Uña et de Sobaco (quatre jours de marche et 19 lieues de parcours.)

Le 2 avril, n'ayant plus devant elle l'ennemi qui s'était dérobé et marchait sur Saltillo et Monterey, notre petite colonne se repliait sur Durango et faisait 50 lieues, par les *haciendas* de la Perdizeña et de Porfias, pour y rentrer le 11 avril après neuf jours de marche, plus un consacré au repos le 9.

J'ai à conter un plaisant épisode de cette expédition au nord de Durango.

Un cheval arabe de l'escadron de chasseurs

d'Afrique attaché à la colonne avait disparu depuis quelques jours, volé sans doute. Une après-midi, au campement de Boca de Cobre, quelques minutes après la sonnerie de la botte, on entend au loin dans la plaine le galop d'un cheval. On regarde : le cheval est monté et vient à nous. Il se rapproche, il arrive : c'est notre *arbi*, et sur son dos un Mexicain fait piteuse mine. Le fidèle animal rentre au camp et va bien vite, hennissant de joie, reprendre sa place à la corde où l'on cueille tout penaud son ravisseur qu'il nous a rapporté. Le *ladron* avait imprudemment passé trop près de nous monté sur la bête volée, et celle-ci, entendant sonner le repas de son escadron, avait aussitôt pris son élan et, forçant la main à son cavalier éperdu, était accourue à cet appel si agréable à l'oreille du cheval de troupe.

De retour à Durango et momentanément inoccupé, j'allai voir de près, à une demi-lieue au nord de la ville, la fameuse montagne de fer, le Cerro Mercado, sorte de pic de 196 mètres d'élévation isolé au milieu de la plaine. Je pus monter à cheval jusqu'à un palier qui se trouve à peu près à mi-hauteur C'est une masse compacte entièrement formée d'un minerai noirâtre, dur et pesant, où, d'après des analyses qui en ont été faites, le fer se trouverait dans la proportion de 70 à 90 pour 100. On lui attribue une valeur de plus de 12 milliards de piastres, et l'on a estimé qu'elle contient 470 millions de tonnes de fer pur.

L'achèvement récent du tronçon du chemin de fer « International » qui relie directement Durango à la frontière des États-Unis, et passe au pied du Cerro Mercado, a rendu possible l'exploitation de cette inépuisable mine, et déjà un haut fourneau de grande capacité y est installé.

Je dois une mention aux énormes et hideux scorpions qui infestent la ville de Durango, et tourmentent ses habitants pendant toute la saison d'été, de mai à novembre. Il y est payé une prime pour leur extermination, et c'est par centaines de mille que l'on compte ceux que les enfants détruisent chaque année.

Le 9 avril l'ordre m'était parvenu de revenir à San-Luis Potosi en laissant à Durango le sergent Clochette avec son détachement de sapeurs et la voiture de parc. J'allais, non sans regret, me séparer de l'excellent sous-officier que j'avais sous mes ordres directs depuis huit mois.

Je me fais un devoir de consacrer ici quelques pages à la mémoire (1) de ce vieux serviteur aussi modeste, aussi sensé que brave, qui eut son heure de célébrité au Mexique.

Clochette avait reçu la médaille militaire le 14 septembre 1855, en Crimée, à l'occasion de la prise d'assaut de Sébastopol.

(1) Clochette (Nicolas) est décédé le 25 juillet 1897, à l'âge de soixante-neuf ans, à Marseille où il avait pris sa retraite comme adjoint principal de 2e classe, décoré de la médaille militaire et chevalier de la Légion d'honneur.

Il était, au Mexique, sergent à la 13ᵉ compagnie de sapeurs du 3ᵉ régiment du génie, attachée à la 1ʳᵉ division (général Bazaine, puis général de Castagny) du corps expéditionnaire, et prit part en 1863, avec sa compagnie, au siège de Puebla.

Je dirai d'abord, en les empruntant au récit du capitaine Niox, quelques mots sur ce siège où je n'étais pas, et conterai ensuite l'épisode dont le sergent Clochette fut le héros.

Puebla de los Angeles, l'une des villes les plus importantes du Mexique après Mexico sa capitale, avait alors une population d'environ 75,000 âmes ; elle en a aujourd'hui près de 90,000. Comme dans la plupart des villes mexicaines, les maisons y sont couvertes en terrasse et groupées en îlots ou cadres, carrés ou rectangulaires, que circonscrivent des rues se coupant à angle droit et orientées nord-sud, et est-ouest.

En 1862 la ville n'avait, pour toutes défenses, qu'un réduit central, constitué au moyen de barricades, et les petits forts de *Guadalupe* et de *Loreto,* couronnant une hauteur, un *cerro* allongé qui domine la ville du côté nord-est, et au pied desquels vint échouer, le 5 mai, la petite armée de 7,000 hommes du général de Lorencez.

Dix mois plus tard, en 1863, quand nos troupes, portées à l'effectif de 35,000 hommes et placées sous le commandement du général Forey, revinrent l'attaquer, la ville était garnie, sur tout son périmètre, d'ouvrages en terre se flanquant bien les uns les autres et ayant chacun pour réduit quelque construction massive aux murailles épaisses et résistantes. En arrière de ces sortes de forts avancés, une ligne de maisons crénelées, aux murs renforcés du côté du dedans par des parapets en terre ou des amas de décombres, formait une enceinte continue; et plus en arrière encore, au centre de la ville, une double rangée de barricades à embrasures protégeait les établissements militaires les plus importants. Cette organisation défensive était des plus sérieuses, et la garnison mexicaine sut en tirer le meilleur parti.

Le fort *San-Javier*, ou du « Pénitencier », que sa saillie assez prononcée du côté ouest de la place avait fait choisir pour point d'attaque, fut pris d'assaut le 29 mars, après six jours de tranchée ouverte; mais la chute de cet important ouvrage n'avança pas les opérations autant qu'on l'avait espéré. Il fallut, après cela, faire aussi le siège en règle de chacun des cadres en arrière; et, quand on y avait pénétré en pratiquant par le canon ou par la mine une brèche au mur extérieur, ou en faisant sauter une porte au moyen d'un pétard (1), on se butait à l'intérieur à de formidables obstacles devant lesquels les colonnes d'assaut restèrent plusieurs fois impuissantes et, décimées par les

(1) Sac ou boîte de poudre, avec mèche d'amorce, qu'on suspend à un clou fiché au milieu de la porte.

balles et la mitraille, durent reculer : au point qu'après avoir pris neuf cadres seulement, et avoir subi de graves échecs devant quatre autres, on abandonna définitivement ce mode de procéder. Et le général Ortega ne se décida à rendre la place, qu'il avait si bien su nous disputer, qu'après que la défaite, à San-Lorenzo, de l'armée qui lui amenait un convoi de ravitaillement, lui eut enlevé tout espoir d'être secouru, et qu'une attaque latérale dirigée contre les forts du sud eut éteint les feux de son artillerie de ce côté.

C'est au début de cette terrible guerre de cadres où, dans la narration qu'en fait le capitaine Niox, on ne sait quoi admirer le plus de l'énergie des assaillants ou de la ténacité des défenseurs, que le sergent Clochette donna un exemple de sang-froid, de courage calme et réfléchi, qui m'a paru mériter de n'être pas laissé dans l'oubli.

On lit dans l'*Historique du 3ᵉ régiment du*

génie (1), à propos de la prise du couvent et de l'église de *Guadalupita* et du cadre de la maison des Bains :

« Le sergent Clochette alla, sous la fusillade des maisons placées en face, attacher un pétard et y mettre le feu à trois reprises. Il fut cité à l'ordre général du 12 avril suivant. »

Détaillons cette mention sommaire et froide d'après le récit circonstancié que me firent, peu de temps après, des camarades témoins oculaires, récit dont j'ai le souvenir d'autant plus précis que j'ai eu moi-même maintes fois à le redire à d'autres à diverses époques, depuis lors, en m'attachant toujours scrupuleusement à n'y rien changer ni ajouter.

On est au surlendemain de la prise du Pénitencier. Le couvent de Guadalupita (cadre n° 2) vient d'être enlevé aussi, et l'on veut, poursuivant le succès, s'emparer du cadre n° 9 voisin dit « maison des Bains ». Les deux compagnies

---

(1) Paris et Limoges. — Henri Charles-Lavauzelle, édit., 1895.

du 18ᵉ bataillon de chasseurs à pied, dont est formée la colonne d'assaut, contournent tout d'abord l'îlot par la gauche, où il semble qu'on soit plus à l'abri de la fusillade, et en escaladent les terrasses. Mais là, d'autres cadres qui les dominent et des clochers les plus proches, un feu violent se concentre sur elles, et elles ne trouvent aucune issue par où descendre à la cour intérieure, et aux pièces du rez-de-chaussée, pour en déloger les défenseurs. La position est intenable; elles l'évacuent et rentrent dans le cadre de Guadalupita. Et l'on décide alors qu'on fera sauter la grande porte de la maison des Bains, que l'on a juste en face de soi de l'autre côté de la rue.

Portant le pétard nécessaire, et muni d'un clou, d'un marteau et d'allumettes, le sergent Clochette traverse posément la rue où crépitent les balles, fiche le clou au milieu de la porte, y suspend le pétard, fait flamber une allumette, met le feu à la mèche, et s'en retourne du même pas tranquille. Il arrivait à l'endroit d'où il était parti quand, tournant la tête, il s'aperçoit que le feu n'a pas pris. Il repasse la rue sans le moindre émoi, et rallume l'amorce. Mais, fortement avariée sans doute, celle-ci s'éteint à nouveau au bout de quelques instants. Le brave sous-officier, dont le calme est imperturbable, affronte derechef les projectiles ennemis qui font rage contre lui, remet encore, et avec succès cette fois, le feu à son pétard, et rentre enfin sans une égratignure, mais ses vêtements lacérés par les balles. L'explosif éclate, les chasseurs à pied se précipitent par la brèche ouverte, et le cadre est pris.

Plus tard, le 25 avril, Clochette se distinguait encore et était blessé à l'attaque malheureuse du couvent de Santa-Inés (cadre n° 52). Le 3 mai suivant, il était fait chevalier de la Légion d'honneur.

Son acte de bravoure du 31 mars, que rappelait dans ses motifs le décret du 18 juin suivant confirmant son admission dans la Légion d'honneur, valut en outre à mon sergent un glorieux surnom. On ne l'appela plus que Clochette « du Pétard », ce dont s'accommodèrent fort mal du reste sa modestie et son insurmontable timidité. Je le vois encore se dérobant rapidement derrière la voiture de parc dont il avait la garde, certain jour où, en route de San-Luis Potosi à Monterey, un officier qui ne le connaissait que de réputation me demanda, en élevant un peu trop la voix, de le lui montrer parmi les sous-officiers de sa compagnie qui marchait devant nous.

— « Devinez donc lequel c'est », lui dis-je.

Et ce fut un grand bellâtre, un bravache ne valant pas grand'chose qu'il me désigna.

« Eh ! non », repris-je alors, « ce n'est certes pas celui-là. Mon brave Clochette, c'est ce sous-officier à figure douce, à l'allure timide et effacée, qui était justement tout près de vous quand vous m'avez, trop haut, posé votre question. Il vous a entendu et n'a eu rien de plus pressé que d'aller se cacher derrière cette voiture. »

Clochette était, je l'ai déjà dit, aussi sensé que brave. Son instruction générale était peu avancée; mais il rachetait son insuffisance sous ce rapport par une compréhension facile de ce qui lui était simplement et clairement expliqué, par une grande expérience professionnelle, et par une ponctualité exemplaire dans l'exécution des ordres qui lui étaient donnés. C'était un homme de détail parfait; mais, timide à l'excès, il se troublait vite devant un grand chef d'une autre arme que la sienne s'adresssant directement à lui.

A Nazas, le général Aymard me fit dire un jour de le lui envoyer pour un petit travail à faire et, me sachant occupé à autre chose, ne voulut pas que je me dérange moi-même. Je lui mandai donc mon sergent, non sans une certaine appréhension.

Peu après le général venait à moi.

— « Pas intelligent votre sous-officier », me disait-il; « il n'a pas compris un mot de ce que je lui ai dit. »

— « Que lui avez-vous donc demandé, Mon général? Auriez-vous la bonté de me le répéter? »

— « Volontiers. Je l'ai mené au bord de la rivière, et l'ai prié de m'y faire un pont qui permette de communiquer à pied sec avec la grand'garde postée de l'autre côté. »

— « Et c'est tout, Mon général? »

— « Et c'est tout. »

— « C'était trop peu pour lui, Mon général. Il lui fallait en plus quelques explications de détail. Déjà fort intimidé d'avoir immédiatement affaire à un officier général, il a vu quelque chose d'énorme dans cet ordre si succinctement formulé de construire un pont. Il a sûrement cru que vous lui demandiez le *pont de la Concorde*. Je vais, si vous le voulez bien, reprendre la chose avec cet excellent serviteur que je tiens à réhabiliter à vos yeux. Je lui donnerai sur place mes instructions en lui parlant sa langue. En quelques minutes ce sera fait, je ne me mêlerai plus de rien ensuite, et je vous promets pour après-demain la plus jolie et la plus commode des passerelles. »

Et sur la rive même du rio de Nazas, qui avait en cet endroit 40 mètres de largeur et une profondeur uniforme de 0^{m}75 à 0^{m}80 sur fond de sable résistant, j'expliquai en quelques mots au sergent qu'il s'agissait de faire un pont de « chevalets rapides (1) » de demi-grandeur. Les arbres bordant le cours d'eau devaient lui fournir tout le bois nécessaire pour la confection des chevalets, des poutrelles et de petites fascines destinées, à défaut de planches ou de madriers, à former le tablier du pont qu'il recouvrirait d'une mince couche de terre. Je lui fis prendre note des dimensions approximatives à donner aux diverses pièces des chevalets, aux poutrelles et aux fascines, et lui dis : « Allez maintenant. »

Il en savait assez, et au jour dit le général

(1) Chevalets de bois en grume, que les sapeurs du génie sont exercés à faire avec une extrême rapidité.

avait sa belle passerelle dont il fit compliment à Clochette.

Quelques mois avant, à Durango, Clochette surveillait, sous ma direction, la construction d'un ouvrage de défense où devait être pratiquée une embrasure à canon.

— « Vous rappelez-vous comment se fait le revêtement des joues à surface gauche de l'embrasure ? » lui dis-je.

— « Non, Mon capitaine. »

— « Eh bien, voici comment il faut s'y prendre. »

Et je le lui explique point par point à l'aide d'une figure que je fais sur mon carnet de poche.

Et lui, dans son bon sens pratique, quand j'ai fini :

— « Voulez-vous que je répète, Mon capitaine ? »

— « Soit. »

Le sous-officier, qui m'a écouté avec la plus

grande attention, répète mot pour mot les indications que je lui ai données, en reproduisant ma figure sur son propre carnet; et, tranquille, je le quitte pour aller visiter d'autres chantiers.

Le lendemain je trouve mon embrasure exécutée dans la perfection; et comme je l'en félicite :

— « Je n'y ai pas grand mérite, Mon capitaine », me dit Clochette. « *N'est-il pas plus facile de faire ce que vous dites que d'inventer autre chose?* »

Qu'elle est saine et utile, mon bon et brave Clochette, cette maxime que vous suggéra si naturellement votre esprit simpliste et droit!

> Faites ce qu'on vous dit ;
> C'est plus facile que d'inventer autre chose.

Que de fois depuis lors, au cours de ma longue carrière militaire, j'ai dû la citer et en recommander l'application à de jeunes subordonnés sans expérience tentés de substituer, toujours à tort, leurs conceptions personnelles aux instructions précises et complètes qui leur étaient données! Que de gens, du haut en bas de l'échelle sociale, dans toutes les situations, en des circonstances des plus diverses, au lieu d'observer, ainsi qu'il est si simple et si commode de le faire, les lois, le devoir, les bienséances, inventent autre chose qui, loin de valoir mieux comme ils le croient, a au contraire les plus funestes conséquences!

Dieu nous garde des « Inventeurs d'autre chose! »

§ 8. — *De Durango à San-Luis Potosi.*

Les chiens de Chihuahua. — Les fortifications de Salinas. — Les serpents à sonnettes d'Espiritu Santo.

Je repris le 26 avril le chemin de San-Luis Potosi par Sombrerete, Fresnillo et Zacatecas. J'arrivai à destination le 17 mai, ayant fait 112 lieues en dix-neuf jours, et pris seulement un jour de repos, le 3 mai, à Sombrerete, et deux, les 10 et 11, à Zacatecas.

J'avais souvent entendu parler, depuis près de deux ans que j'étais au Mexique, de l'invraisemblable petitesse et de l'extrême rareté des « chiens de Chihuahua. »

J'eus cette fois la bonne fortune de faire route jusqu'à Zacatecas avec un capitaine d'artillerie (1), sympathique camarade de l'expédition sur Saltillo et Monterey et de la marche sur Durango faites côte à côte l'année précédente, qui, désigné pour rentrer en France, s'était donné mission d'y rapporter un spécimen de cette curieuse race de chiens.

Mon propre souvenir et celui qu'en a gardé la sœur de ce capitaine (2), à qui elle appartint en France, me permettent de donner une description fidèle de la petite bête en question.

(1) M. Henri de Beauquesne, aujourd'hui capitaine en retraite.
(2) Mlle Rose de Beauquesne.

C'était une chienne, et on l'appelait « Chulita ». Elle avait 0^m14 de hauteur, mesure prise à l'aplomb des membres antérieurs, comme qui dirait au garrot s'il s'agissait d'un cheval. Les autres dimensions de son corps bien proportionné peuvent se déduire assez exactement de sa taille connue : il ne devait notamment y avoir que 0^m20 au plus du bout du museau à la naissance de la queue.

Un peu levrettée de l'arrière, la bestiole avait la poitrine large, « ce qui », dit sa maîtresse, « lui donnait une forte voix dont elle savait très bien se servir pour garder la maison ».

Le pelage, ras et soyeux, était couleur cerise avec un peu de blanc au bout de chaque patte. Le ventre était nu, et la peau, très fine, y était comme transparente.

La tête était ronde, les oreilles dressées. Les yeux, noirs et brillants, saillaient légèrement. Le museau de longueur moyenne s'amincissait du bout. La queue, médiocrement développée, était rase et se relevait en trompette.

En palpant le sommet de la tête, on sentait sous la peau un petit trou rond, une dépression cranienne à bords bien nets, qu'on prétend être le signe distinctif de la pureté de la race.

Cette chienne minuscule avait deux compagnons chez mon ami de l'arme sœur.

C'était d'abord un énorme chien noir, « Pataud » le bien dénommé, que la forme de sa tête, son poil long et touffu et sa démarche lourde faisaient ressembler à un ours : *El oso! El oso!* disaient en le voyant les indigènes qui le rencontraient.

Pataud était l'humble et dévoué serviteur de Chulita, et il avait pour elle toute sorte d'attentions. La nuit, celle-ci, très frileuse, dormait dans son giron. Le jour, le gros animal s'étendait tout de son long et, la gueule haletante, les yeux luisants de plaisir, laissait sa compagne lilliputienne explorer à sa fantaisie son corps immense et y faire, au travers des fourrés giboyeux de sa noire toison, une chasse en forêt des plus productives.

Rageuse comme un roquet, Chulita s'acharnait parfois après Pataud, lui mordant furieusement les pattes et le bas des jambes. Garanti par son poil épais, le bon chien se laissait faire tranquillement, caressant de son regard le plus doux la frêle créature dont il n'aurait, s'il l'eût voulu, fait qu'une bouchée. Et quand, trop prolongées, ses agaceries le fatiguaient, il se contentait, pour toutes représailles, de la prendre délicatement dans sa gueule et de l'apporter, gigotante de colère, au maître pour qu'il mît fin à son importunité.

Le second compagnon de Chulita était un perroquet de petite taille qui fut, bien plus que Pataud, son souffre-douleur.

Qu'il était malheureux le pauvre *loro,* quand on le mettait à terre à proximité de la mignonne taquine! Les deux têtes étaient à même hauteur, et Chulita voulait aussitôt jouer, ce dont le perroquet se souciait fort peu. C'était, de la part de la première, des jappements joyeux et des évolutions rapides autour de l'oiseau éperdu dont elle tirait une plume par-ci, une plume par-là. Peu apte à marcher sur le sol, le perroquet était à la merci de la petite chienne, et s'égosillait en cris désespérés jusqu'à ce qu'il eût obtenu d'être remonté au perchoir hors de la portée de ses atteintes.

Bien qu'ayant un caractère naturellement indocile et n'aimant pas tout le monde, Chulita fut, en France, très attachée à sa maîtresse. Elle vécut six ans, et il fallait la soigner constamment, pendant huit mois de l'année, pour l'empêcher de se refroidir. Elle mourut à la suite d'une promenade imprudemment faite dans la boue au mois de mai.

Née à Durango, elle y avait été donnée à un officier de chasseurs d'Afrique (1), cousin du capitaine d'artillerie qui la rapporta du Mexique.

Le même officier de chasseurs d'Afrique eut

---

(1) Comte Malek-Adel O'Kelly, alors sous-lieutenant, aujourd'hui capitaine en retraite.

un autre individu de la race canine de Chihuahua. Son hôte de Mazatlan le lui avait fait venir de Culiacan, capitale de l'État de Sinaloa.

C'était un chien encore plus petit que Chulita, et dont le pelage était noir avec étoile blanche au milieu du front. On remarquait également chez lui le trou caractéristique du haut du crâne. Il était si petit que, de San-Blas à Queretaro où il le perdit par accident, son maître fit toutes les étapes le portant dans le devant entr'ouvert de sa chemise, où il se trouvait très à son aise et ne le gênait en rien pour conduire son cheval.

On nous citait à Mexico des dames riches qui avaient emporté à Paris des chiens de Chihuahua. Il n'en était pas moins très difficile alors d'en avoir dans le pays même, et il ne semble pas que ce soit plus aisé aujourd'hui. Le Muséum d'histoire naturelle de Paris ne les connaît même pas ; le Jardin zoologique d'acclimatation du Bois de Boulogne a cherché, il y a quelques années, à s'en procurer et n'y a pas réussi; et je ne sache pas qu'on en ait jamais exhibé aux expositions canines de Paris.

La race aurait-elle disparu?

De Durango à San-Luis Potosi ce ne sont partout qu'*haciendas* se succédant, plus belles et plus riches les unes que les autres. Je me rappelle surtout celles de Salinas et d'Espiritu Santo, dont les territoires se touchent, entre Zacatecas et San-Luis Potosi.

L'*hacienda* de Salinas, magnifique domaine, dont le nom même, « Salines », indique le genre d'exploitation, appartient à la famille Errazu, bien connue à Paris sous le second empire. Le revenu annuel de ses salines atteignait alors, me dit-on à mon passage, 300,000 piastres (1,500,000 francs). L'ensemble de ses constructions était entouré d'un sérieux parapet de fortification, avec escarpe revêtue en maçonnerie et fossé plein d'eau, et il y avait deux canons en batterie. L'administrateur, un Français, ancien sergent-major aux zouaves, avait formé et instruit militairement une compagnie d'Indiens dévoués.

— « Et sans doute vous vous défendez, quand quelque parti se présente pour vous rançonner, sous couleur de *pronunciamiento* à appuyer? » dis-je à notre compatriote.

— « Bien sûr,... à moins pourtant que l'ennemi n'ait du canon. »

— « Ces deux jolies pièces ne sont donc pas là pour y répondre? »

— « Non, les boulets de l'assaillant dégraderaient notre colonnade. » Et il me montrait, en disant cela, le beau portique à colonnes de l'habitation des maîtres. « Dans ce cas je parlemente. On veut 50,000, 100,000 piastres. Je m'indigne, je proteste, je discute, et je m'en tire avec 5,000 ou 10,000 piastres que je porte au compte des profits et pertes. »

Le non moins magnifique domaine d'Espiritu Santo, propriété de la famille Igueravide, est une *hacienda* d'élevage, *de ganado*. En sus de l'élevage, on y pratique la culture en grand du *maguey* vert (1), agavé d'espèce spéciale de la pulpe duquel on extrait par distillation, après cuisson préalable, une eau-de-vie très appréciée, le *mezcal* (2), et qu'il ne faut pas confondre avec le *maguey* doux, dont la sève méthodiquement recueillie constitue, après fermentation, le *pulque* (3), *l'octli* des Aztèques, qui était déjà avant la conquête et est encore aujourd'hui le vin des population mexicaines.

Les serpents à sonnettes pullulent dans les terrains rocailleux de cette vaste *hacienda*, et

---

(1) Le nom nahuatl de la plante est *metl;* la dénomination de *maguey* est une importation des Espagnols qui la prirent dans les Iles.

(2) En nahuatl *mexcalli*, mot composé de *metl* « maguey », et *ixca* « qui est cuit ».

(3) Le mot *pulque* n'est ni espagnol ni nahuatl. Il a été emprunté à la langue araucane parlée au Chili, où *pulcu* est le nom général des boissons dont les Indiens de ce pays usent pour s'enivrer.

les Indiens y touchent une prime de tant par sonnettes, coupées au ras de la queue, qu'ils apportent à l'administrateur (1).

§ 9. — *Deuxième voyage de San-Luis Potosi à Monterey.*

Je commande un convoi de ravitaillement. — Charroi mexicain. — Alerte d'El Venado. — Affaire de nuit de Tanque de la Vaca. — A Monterey : la famille Zambrano ; la Citadelle.

Mon rappel à San-Luis Potosi m'avait fait croire à un retour prochain à Mexico, mettant fin à mes courses dans le nord ; en quoi je me trompais. L'ordre m'arrivait bientôt, au contraire, de remonter jusqu'à Monterey, où j'étais nommé commandant du génie (2), en compagnie de deux autres capitaines de l'arme envoyés de Mexico, et nommés également com-

(1) J'explique, au 2ᵉ paragraphe de l'appendice, à l'intention des lecteurs portés pour les sciences naturelles, le mode de formation des sonnettes des crotales.

(2) La dénomination de « commandant du génie » était depuis peu substituée à celle de « chef du génie ». Celle-ci a été reprise dix ans plus tard et est encore en usage aujourd'hui.

mandants du génie, l'un (1) à Saltillo, l'autre (2) à Cadereyta. Notre mission était d'organiser la défense de ces trois villes qui, depuis l'incursion récente des forces juaristes venues inopinément de l'ouest pour en déloger la division Mejia, étaient occupées, les deux premières par le régiment étranger, la troisième par la contre-guerrilla.

Le commandant supérieur (3) de San-Luis nous mit en route le 31 juillet avec un convoi comprenant, en sus de quelques voitures à bagages, soixante-cinq chariots mexicains chargés de vivres, de munitions et d'objets de ravitaillement de toute sorte, et deux prolonges du train des équipages portant, enfermés en de solides caisses, deux millions de francs espèces or et argent. Avec nous partaient également un sous-intendant militaire (4), un payeur de

(1) Capitaine Philippe.
(2) Capitaine Müntz, décédé lieutenant-colonel en retraite.
(3) Colonel d'artillerie Lafaille, décédé général de division.
(4) Sous-intendant Chaplain, décédé.

l'armée (1), des médecins militaires et des officiers d'administration. Une centaine d'isolés des services administratifs (commis et ouvriers d'administration et infirmiers), 30 sapeurs du génie français ayant à leur tête un lieutenant (2), et une demi-compagnie du génie mexicaine, à l'effectif de 50 hommes, sous les ordres d'un capitaine (3) et d'un sous-lieutenant (4), constituaient une escorte bien faible, et bien peu homogène, pour franchir en toute sécurité les 102 lieues qui séparent San-Luis Potosi de Saltillo.

J'étais le plus ancien de grade; j'eus le commandement du convoi. Le commandant supérieur ne me cacha pas ses appréhensions. J'avais sur la droite, dans le Tamaulipas, un corps de 2,000 libéraux battant le pays, et aux abords de la route des bandes de *chinacos* (5); et mes deux millions étaient bien ten-

---

(1) Payeur Jaubert (perdu de vue).
(2) Lieutenant Lebourg, décédé chef de bataillon.
(3) Capitaine mexicain Alvarez (perdu de vue).
(4) Sous-lieutenant mexicain Quintana (perdu de vue).
(5) Nos adversaires étaient appelés indifféremment «jua-

tants pour ces forces ennemies qui, toujours bien renseignées, durent certainement être informées de leur passage à bonne portée.

Connaissant le chemin, et me rappelant que le pays, largement découvert partout, se prête peu aux embuscades, je ne craignais pas grand'chose de jour. En tête s'avançait le détachement du génie français, ma troupe la plus solide, qu'en marche, comme à l'étape, je gardais près de moi pour parer à l'imprévu. Puis venaient les deux précieuses prolonges et celles à bagages, les premières ayant pour escorte spéciale une forte escouade d'hommes choisis qui ne devaient jamais s'en écarter, ni le jour ni la nuit. La troupe restante formait deux détachements égaux se tenant l'un au milieu, l'autre à la queue de la file des voitures du pays attelées et conduites à la mexicaine, sous le commandement respectif des

---

ristes, libéraux, fédéraux, *puros*, *chinacos* », ce dernier nom plus spécialement appliqué aux partisans, aux *guerrilleros*.

deux capitaines, mes camarades de l'arme du génie.

Je réglais la marche de façon que le convoi ne s'allongeât pas outre mesure, et c'était difficile à obtenir des chariots mexicains, solides véhicules lourdement chargés que traînaient des mules attelées par deux, par trois ou par quatre, à raison de douze par voiture.

Il faut avoir vu ces beaux attelages de mules mexicaines à l'œuvre, sur les vieilles routes espagnoles si mal entretenues, ou plutôt pas entretenues du tout, pour apprécier, comme il convient, et la franchise de collier des fines et intelligentes bêtes dont on a si injustement fait le type de l'entêtement, et la patiente adresse de l'*arriero*, du charretier qui les conduit monté sur la mule limonière, sa femme, le nourrisson au sein, assise derrière lui sur le devant du véhicule, d'où une courroie mise en travers l'empêche de tomber par les forts cahots.

Les chariots étaient groupés en *partidas*

d'une douzaine de voitures solidaires les unes des autres, sous la surveillance d'un *cabo* ou caporal, et toujours prêtes à s'entr'aider. Un *mayordomo* dirigeait la réunion des *partidas* du convoi. Un chariot s'arrêtait-il, les roues enfoncées jusqu'aux moyeux dans de profondes ornières, les onze autres chariots du groupe faisaient immédiatement halte au commandement du *cabo*, et l'on avisait aux moyens de remettre en route le véhicule embourbé.

Après avoir fait doubler l'attelage, par adjonction des douze mules du chariot le plus voisin, le *cabo* procédait à ce qu'il appelait la *distribucion*, allongeant consciencieusement à chaque mule un bon coup de fouet qui la faisait se mettre sur le collier prête à tirer, et atteignant d'ordinaire, par une erreur voulue, du coup destiné à la limonière, l'*arriero* maladroit qui s'était laissé arrêter à un mauvais pas; et puis, à son signal, sans nouveau recours au fouet, tous les *arrieros* de la *partida* et lui-même excitaient à la fois de leurs appels de langue, de leurs sifflements précipités, les vingt-quatre mules qui donnaient aussitôt, avec un ensemble parfait, leur maximum d'effort.

Si du premier coup le chariot s'ébranlait, les cris continuaient; les mules tirant à qui mieux mieux, le mouvement s'accentuait, et le lourd véhicule arrivait enfin, dégagé des ornières, au terrain solide. Attelage de renfort et *arrieros* regagnaient alors leurs voitures respectives, et la *partida* reprenait sa marche normale.

Si, au contraire, le premier effort des deux attelages agissant simultanément n'avait pu faire bouger le chariot immobilisé, le *cabo* commandait « *alto!* halte! » Tout le monde se taisait, et les mules se mettaient à l'aise, au repos, reculant chacune légèrement pour détendre les chaînes de traction.

On ne recommençait jamais de la même manière un essai infructueux. Un des moyens les plus efficaces mis en œuvre, quand le premier avait manqué comme il vient d'être dit, consistait à employer, non plus seulement un attelage de renfort, mais deux agissant, l'un d'un côté, l'autre de l'autre, sur de forts crochets fixés à demeure aux deux bouts de l'essieu de devant. Et c'étaient encore, pour faire donner avec ensemble les trois attelages, comme il avait été fait pour les deux du premier essai, d'abord la *distribucion* préalable, et les cris de tous excitant soudain les trente-six mules; et aussi le silence immédiat au commandement du *cabo* si, pas plus que le premier, ce deuxième effort ne faisait bouger le chariot. Et, sans désespérer jamais, on avait recours à quelque autre expédient plus énergique encore, et toujours différent des deux premiers.

Le doublement et, au besoin, le triplement des attelages était de règle aux côtes raides et longues, et chaque *partida* les montait par séries successives de six ou de quatre chariots.

Rien de plus curieux que l'installation au camp de tout ce charroi, où le nombre des mules dépassait huit cents, mules de selle du *mayordomo* et des *cabos*, et autres haut-le-pied comprises! Les véhicules venaient, au fur et à mesure de leur arrivée à l'emplacement que je leur avais assigné, se ranger à la file en un grand cercle de plus de cent mètres de diamètre, l'avant un peu obliqué vers l'extérieur, de façon à restreindre le plus possible leur espacement, tout en conservant la faculté de dételer et de réatteler par le dehors. Les mules n'étaient dételées que lorsque, le dernier chariot ayant pris sa place, le cercle était complet et les intervalles barrés de cordes tendues; et on les parquait alors, libres de toute attache, à l'intérieur de l'enceinte improvisée. Et pendant cette période d'attente souvent assez longue, fatiguées, énervées, impatientes de recevoir leur provende, et surtout d'être menées boire à la *presa*, ou retenue d'eau de pluie, ou au *rio* le plus voisin, elles nous assourdissaient de leurs cris plaintifs, désolés, *g-han-an! g-han-an-an!* que traduisit si bien, la première fois qu'il les entendit, un officier supérieur du génie (1) spirituel amateur d'harmonie imitative : « Oh ! les pauvres bêtes ! les pauvres bêtes ! Les entendez-vous geindre ? Écoutez donc ce qu'elles disent : *g-han-an! g-han-an-an! g-han-an-an-an! quelle existence!* »

Le *zacate* (2) et le maïs en grain leur étaient distribués dans une auge formée d'une longue bande de forte toile tendue d'un bout à l'autre d'un diamètre du parc, et soutenue de distance par des supports en X. Quand il s'agissait de les conduire à l'abreuvoir, c'était on ne peut plus simple : un seul *arriero* y suffisait. Il prenait les devants monté sur une jument, et toutes suivaient en troupeau la *yegua*, « leur mère ». J'ai vu maintes fois se croiser, les unes allant dans un sens, les autres en sens inverse,

---

(1) Commandant Heydt, décédé colonel en retraite.
(2) En nahuatl *zacatl*, tiges de maïs coupées en vert, remplaçant au Mexique le foin et la paille.

les mules ainsi menées de deux convois distincts. Aucune ne se détacha jamais du milieu de ses compagnes pour se faufiler dans le troupeau voisin.

Le matin, au départ, chaque *arriero* retrouvait aisément ses douze mules, qui venaient d'elles-mêmes se grouper près du chariot auquel elles étaient affectées.

J'ai dit que, marchant en pays découvert, je ne redoutais rien de jour. La nuit, j'avais à me garder soigneusement. Je ne m'en fis pas faute, et bien m'en prit.

Une première fois, à El Venado, le 3 août, au crépuscule, très court en toute saison dans cette région tropicale, on crut voir à proximité du camp une troupe ennemie. Une reconnaissance fut faite, et l'on ne trouva personne devant soi; mais cette fausse alerte de notre quatrième jour de route eut un excellent résultat. Les hommes comprirent mieux la nécessité de ne jamais se départir de la vigilance la plus assidue.

Au campement de Tanque de la Vaca, le 17 août, à dix heures du soir, par une nuit noire sans lune, la sentinelle de l'escouade d'infirmiers postée, en grand' garde, à quelque distance du camp, dans la direction que nous devions prendre le lendemain, signala l'approche d'un parti de cavalerie qui s'était arrêté, devant elle, à son cri de « Qui vive? » L'éveil aussitôt donné partout, je fis prendre les armes sur chacune des quatre faces du camp, au milieu duquel les voitures étaient parquées, et, emmenant mes sapeurs de France, j'allai voir à l'avancée ce qui en était.

Les *chinacos* nous entendirent venir. Renonçant dès lors à pousser plus loin une agression qui n'avait plus aucune chance de réussite du moment que nous étions sur nos gardes, ils nous envoyèrent, d'une cinquantaine de mètres à peine de distance, une salve de coups de fusil et, tournant bride aussitôt, détalèrent.

On courut quelques instants après eux en leur envoyant des balles au juger; mais je fis bientôt cesser ce feu inutile, un simple bruit de galopade étant une indication par trop insuffisante de la direction à lui donner. Les projectiles de l'ennemi avaient touché deux des nôtres : le maître-ouvrier du génie Marmorat qui eut la main droite fracassée, et le caporal-infirmier de la grand'garde, dont le nom ne m'est pas resté, qui fut atteint d'une balle à l'aine. Ce dernier expira une demi-heure après sous la tente d'ambulance où il fut transporté, et les derniers honneurs lui furent rendus le lendemain à l'*hacienda* d'Agua Nueva.

Je fus cité pour cette petite action de guerre à l'ordre général du corps expéditionnaire n° 48 du 15 octobre 1865. Marmorat reçut un peu plus tard la médaille militaire.

Sans autre incident, mon convoi, qui ne s'était arrêté que deux jours (8 et 9 août) à Matehuala, et un (16) à l'*hacienda* d'Encarnacion de Guzman, arrivait le 19 à Saltillo, en repartait le 23, et entrait le 26 à Monterey.

Par un hasard bien singulier, c'était à la date même du 26 août, où j'y étais venu l'année d'avant, que je revoyais Monterey en 1865. Mlle Modesta Rivero en fit, la première, la remarque quand, passant à cheval, à mon entrée en ville, devant la fenêtre de rez-de-chaussée où elle se tenait avec sa sœur, je m'arrêtai un instant pour les saluer l'une et l'autre.

J'étais fatalement appelé à connaître les familles les plus prolifiques de Monterey. J'ai, à l'occasion de mon premier séjour dans cette localité, parlé des douze enfants de M. et Mme Rivero. Il y en avait bien davantage dans la famille Zambrano qui eut, cette fois, à me loger dans son grand et bel immeuble, la seule maison à étage de la ville, le palais du gouvernement non compté. A ma première visite, M. et Mme Zambrano me présentèrent « leurs enfants » d'un geste large enveloppant tout un petit peuple qui emplissait leur vaste salon. Étonné, je leur demandai aussitôt :

— « Combien en avez-vous donc ? »

— « Vingt et un », répondit le père, « et voici don Eduardo notre aîné. »

Don Eduardo me désigna sa charmante jeune femme qui vint à lui, et celle-ci, heureuse et fière, elle aussi, de sa fécondité, dit à son tour, en se pressant contre son cher mari :

— « Nous en avons déjà sept. »

La partie féminine d'une si nombreuse lignée comprenait un bon lot de jeunes filles. Il m'arriva avec ces belles créoles une aventure bizarre dont je vais dire un mot, et qui, venue après maintes autres, non moins significatives, arrivées ici ou là à moi-même ou à des camarades, fait voir combien manquaient aux Mexicaines de la bonne société, de la *gente decente*, en dépit de leur incontestable honnêteté, les délicatesses innées qu'a la moins bien éduquée de nos paysannes.

J'avais donc remarqué que ces demoiselles se plaisaient à aller... quelque part par bandes de deux, de trois, de quatre, de cinq, comme le permettait le quintuple trône de l'endroit ; et à cela je ne trouvais pas à redire. Mais que penser de ce cri : « *Pase usted, ya cabe,* Entrez donc, il y a de la place », que poussèrent ensemble, en me voyant battre précipitamment en retraite, trois d'entre elles que j'y surpris, siégeant en des poses hiératiques, certain jour où, croyant le local vide, j'ouvris brusquement la porte, dont elles n'avaient pas poussé le verrou intérieur, et la refermai bien vite m'enfuyant éperdu ?

Il m'a été dit qu'en pareille occurrence, je ne sais où, un autre capitaine de mon arme déféra à semblable invitation à lui ainsi faite par une première occupante, et vint sans façon fumer à côté d'elle la cigarette que, fumant elle-même, elle lui offrait gentiment. Je n'en ai rien cru, et je passe.

Il s'agissait à Monterey d'élever une fortification où une faible garnison mexicaine pût tenir, garantissant la ville de toute nouvelle incursion des juaristes. Sur un plateau, du côté nord, s'élevaient à 5 ou 6 mètres de hauteur les premières assises des murs fort épais d'une cathédrale dont la construction était, depuis de longues années, interrompue, et autour de cette solide bâtisse, qui en avait été le réduit, se voyaient encore, à l'état de bourrelets déprimés, les restes d'un ouvrage en terre affectant la forme d'un quadrilatère bastionné. La position, dominante, aux abords bien dégagés, était excellente. Je n'avais rien de mieux à faire que de relever rapidement ces anciens parapets.

J'y employai un millier d'Indiens, et trois semaines après la « Citadelle de Monterey » était debout, armée de vieilles pièces de marine qui gisaient là avec leurs projectiles, et qu'un lieutenant d'artillerie (1), ancien élève de l'École de pyrotechnie de Bourges, sut très intelligemment monter sur des affûts en bois qu'il confectionna de toutes pièces, et approvi-

---

(1) Lieutenant Guény, aujourd'hui chef d'escadron en retraite.

sionner des gargousses, étoupilles et agrès divers nécessaires.

Moins de deux mois après, les 23 et 24 novembre, une garnison mexicaine de 600 hommes s'y défendait victorieusement, donnant le temps à nos troupes de venir à son secours et d'expulser de la ville les libéraux qui l'avaient envahie.

§ 10. — *De Monterey à Mexico.*

La dent du colonel Jeanningros. — Les chiens de prairie d'Encarnacion. — Les piscines jumelles de Vanegas. — La « noix incarcérée » d'El Venado. — L'aérolithe de Charcas. — Les Comanches et les Apaches.

Ma mission à Monterey accomplie, je me remis en route le 16 octobre, revenant franchement au sud cette fois, et rentrai enfin le 8 décembre, après trente-neuf jours de marche, à Mexico d'où j'étais parti plus de deux ans avant. Pas plus qu'aucun des autres, ce long trajet de 237 lieues ne fut franchi tout d'une traite. Il y fut fait des séjours : de six jours

(19 au 24 octobre) à Saltillo, de deux jours (4 et 5 novembre) à Matehuala, de cinq (15 au 19) à San-Luis Potosi, d'un (25) à San-Luis de la Paz, et d'un jour encore (30 novembre) à Queretaro.

Le colonel Jeanningros, du régiment étranger, m'avait chargé de rapporter à Mexico, d'où le colonel Doutrelaine, commandant le génie, l'envoya au Muséum d'histoire naturelle de Paris, un bel os fossile, d'environ 3 mètres de longueur, trouvé dans la banlieue de Monterey où un Indien s'en servait, comme de piquet, pour la clôture de son jardinet. A sa forme, et aux dents dont il était en partie garni, nous estimâmes que ce devait être la mâchoire inférieure d'un gigantesque *ptérodactyle*. On l'avait au premier moment baptisé « la dent du colonel Jeanningros », et le nom lui resta.

Il s'en va temps qu'à l'occasion de ce dernier voyage de Monterey à San-Luis Potosi et Queretaro, continué enfin jusqu'à Mexico, je dise quelques mots de certaines curiosités naturelles observées en divers endroits du premier tronçon de ce long trajet.

A Encarnacion de Guzman, lors de mon premier passage avec la 1re division, dans une promenade que je faisais aux alentours de cette importante *hacienda*, de petits cris, des jappements saccadés... kèk... kèk..., poussés non loin de moi, attirèrent mon attention. Je m'avance, et sur une esplanade située au sud et à moins d'un kilomètre de distance de l'*hacienda*, en un terrain crayeux couvert d'un gazon court et clairsemé, sans arbres, ni buissons, ni broussailles, je remarque, éparses et espacées d'une dizaine de mètres au plus les unes des autres, quantité de légères éminences blanches, modelées en forme de croissant, et faites chacune du déblai d'un trou rond, de 0^{m}15 de diamètre environ, dont elle borde l'orifice sur plus de trois quarts de son périmètre. Le trou s'enfonce obliquement dans le sol et, d'après le volume de la terre excavée, semble n'y pénétrer que jusqu'à 1 mètre, 1ᵐ50 ou 2 mètres au plus de profondeur.

De singulières petites bêtes, à peu près de la taille d'un lapin de garenne, habitent ces terriers, peuplent et animent ce village. Comme forme générale, c'est la marmotte, mais de moindre taille, moins trapue, moins fourrée. Le devant est grêle, l'arrière plus fort ainsi que chez l'écureuil et le kanguroo. Le pelage, court et lustré, est blanchâtre au ventre, fauve sur le reste du corps. Les yeux, petits, à fleur de tête et d'un beau noir, sont un peu bridés. Les oreilles sont tout à fait rases. La queue, redressée et légèrement retroussée, a une dizaine de centimètres; les poils, roux, y sont plus longs et un peu hérissés, et un fin pinceau noir la termine.

Je suis bientôt au milieu du village qui a quelques centaines de mètres à peine d'étendue dans tous les sens, et j'ai autour de moi ces mignons animaux. Les uns broutent de-ci de-là les herbes de leur choix, ou grignotent quelque graine qu'ils tiennent des deux mains à la façon des écureuils; d'autres folâtrent, se poursuivent, se bousculent; et à aucun mon approche ne cause le moindre émoi. Quelques-uns se tiennent au sommet de leur tertre blanc, dressés sur le derrière, immobiles. Et tantôt ici, tantôt là, au loin ou tout près, j'entends leur aboiement joyeux : kèk,... kèk,... kèk. Un petit accourt vers un grand, son père ou sa mère sans doute, et les voilà tous deux debout, serrés l'un contre l'autre. Ils s'enlacent drôlement de leurs petits bras de guignol; leurs museaux se rapprochent et se touchent : ils se sont positivement embrassés le plus gentiment du monde.

C'étaient, je le devinai sans peine, des « chiens de prairie », dont j'ai retrouvé, près de vingt ans plus tard, un village tout pareil au Jardin zoologique d'acclimation du Bois de Boulogne. On a donné à cette classe de rongeurs le nom d'*arctomys ludovicianus*, « marmotte de la Louisiane ». Certains savants l'appellent aussi *arctomys latrans*, « marmotte aboyeuse », et d'autres encore *cynomys*, « chien-rat ».

Les terriers et leurs bourrelets n'ont pas à beaucoup près, au Jardin d'acclimatation, la même régularité de formes qu'à Encarnacion, et cela tient sans doute à ce que le terrain y est pierreux et de consistance peu homogène.

J'ai le souvenir précis qu'à Encarnacion les bourrelets avaient tous la même orientation, garantissant le trou du côté du vent régnant et des intempéries ; et il m'a paru qu'au Jardin d'acclimatation, c'est de même généralement du côté ouest que ces rongeurs avisés massent la terre provenant du déblai de leur terrier.

Repassant un an après jour pour jour, et puis encore deux mois plus tard, au même lieu, je ne manquai pas d'aller chaque fois faire visite à ces charmants animaux en leur curieux village. Rien n'avait changé dans leurs habitudes ; le voisinage de l'homme leur était toujours absolument indifférent. La dernière fois, voulant voir jusqu'où allait leur confiance, je marchai lentement jusqu'à moins de quatre pas, je mesurai après la distance, vers l'un d'eux qui faisait le beau sur son tertre, et déchargeai sur lui les six coups de mon revolver. L'arme était de pacotille, le tireur n'était pas émérite, l'intention de tuer était nulle : aucun coup ne porta,... et la petite bête, toujours debout à la même place, me narguait. Il me fallut aller à elle pour la décider à se précipiter d'une culbute dans le trou béant à ses pieds. Bien qu'habitués à la foule, les chiens de prairie du Jardin d'acclimatation ont une allure plus craintive.

Dans une notice publiée en 1881 par le journal *la Nature* (1), il est dit qu'on ne trouve de chiens de prairie que dans les plaines herbeuses du Missouri. Il y en a aussi, comme on le voit, au Mexique; mais il se pourrait bien qu'il n'y eût que le village près duquel le hasard de mes courses aventureuses m'a fait

(1) 2ᵉ sem., n° 422, 2 juillet, pp. 65 et 66.

passer trois fois. Je ne sache pas en tout cas que l'on ait signalé leur présence en d'autres lieux de ce vaste pays.

Les gens d'Encarnacion disaient que c'étaient des *tuzas*. C'était évidemment une erreur, la description de la *tuza,* ou taupe mexicaine, que donne Clavijero (1), ne s'y rapportant pas du tout.

L'article cité de *la Nature* relate aussi que le principal ennemi du chien de prairie est le serpent à sonnettes. Ne serait-ce pas pour mieux échapper aux atteintes des crotales qui infestent tout le pays, de San-Luis Potosi à Saltillo, et affectionnent les terrains pierreux et broussailleux, que les prudentes petites marmottes aboyeuses d'Encarnacion se sont installées de préférence en un endroit où le sol est crayeux et complètement dénudé?

Le ruisseau qui alimente en eau l'*hacienda* de Vanegas a sa source à peu de distance,

(1) *Histoire ancienne du Mexique*, liv. I.

moins d'un kilomètre, je crois, du côté sud-est. L'eau sourd en grande abondance dans une première grotte attenante à une seconde à peu près pareille, passe de l'une à l'autre par une large ouverture existant au bas de la mince cloison de roc qui les sépare, et s'écoule enfin par un déversoir de trop-plein pour former au dehors, dès le début, un charmant ruisselet.

L'une et l'autre grotte constitue une belle piscine naturelle où, à chacun de mes passages, je pris un bain des plus agréables. L'eau y est un peu chaude, tiède plutôt, et on en a jusqu'à mi-corps. On tient à l'aise trois ou quatre dans chaque piscine, et l'on se fait un jeu de changer de compartiment en se coulant, entre deux eaux, par le trou de la cloison séparative.

Cette source thermale était peu connue à l'époque où je l'ai vue. Il semble qu'elle le soit mieux depuis que le chemin de fer « National », de Mexico à Monterey et à la frontière nord, passe par là. M. Gaston Routier la mentionne (1), mais ne donne ni sa température, que j'ai moi-même négligé de prendre, ni ses propriétés curatives.

A El Venado j'avais remarqué, quand j'y passai pour la première fois, la forme toute particulière des fruits d'un beau noyer qui ombrageait la cour de la maison où je fus logé. J'y ai reconnu la *nuez encarcelada*, la « noix incarcérée », à la description, de tous points conforme à ce que j'en ai retenu, que Clavijero (2) donne de ce fruit, spécial au Mexique, « à noyau lisse, très dur, ressemblant de figure à celui de la noix muscade, à amande plus petite que celle de la noix commune, et inférieure de goût. »

On nous montra à Charcas, planté en guise de borne au coin du mur du cimetière, devant l'église, l'un des plus beaux aérolithes connus,

(1) *Le Mexique*, par Gaston ROUTIER. Paris, Le Soudier, édit., 1891.
(2) *Histoire ancienne du Mexique*, liv. I.

masse oblongue de la grosseur d'un homme et de plus d'un mètre de longueur, pesant 780 kilogrammes. Le commandant en chef du corps expéditionnaire le fit prendre à son passage dans la localité, en août 1866, et l'expédia à Paris, à destination du Muséum d'histoire naturelle.

Et pour en finir avec cette région septentrionale si curieuse et si intéressante du grand plateau mexicain, où je ne devais plus revenir, il me reste encore à parler des Peaux-Rouges insoumis, *bravos*, les Comanches et les Apaches, qui ont leurs repaires, les premiers dans le Coahuila, les seconds dans le Chihuahua et la Sonora.

Les Comanches viennent exercer leurs déprédations jusque dans le désert d'El Salado. Mais ils n'ont pas toujours le dessus. On leur résiste, on les pourchasse, on les *scalpe* comme ils font eux-mêmes à l'égard de tout *cristiano* qui est à leur merci. A El Salado ou à Las Animas, je ne sais plus au juste auquel des deux endroits c'était, on voyait sept chevelures accrochées bien en vue à l'une des poutrelles du *zaguan*, ou passage d'entrée de l'habitation ; et pour qu'on n'en ignore, on avait écrit au-dessus en belles majuscules : *Siete cabelleras de Comanches*. Les victimes de ces coureurs sont néanmoins nombreuses et, jusqu'à Monterey, la route est jalonnée de croix où on lit : *Aquí fulano falleció á manos de los bárbaros*, « Ici un tel mourut entre les mains des barbares ». Chaque croix est butée d'un tas de pierres qui va toujours s'élevant, l'Indien qui passe ne manquant jamais d'y jeter la sienne et de se signer.

En 1864, à notre première traversée de la longue et désolée gorge de montagne que la route suit de Saltillo à Monterey, nous trouvâmes, à peu près à mi-chemin, deux ou trois de ces croix commémoratives plantées de la veille, et près d'elles les corps de plusieurs mules tuées à coups de flèches. Pensant que les Comanches devaient être restés tout près dans les replis, inaccessibles pour nous, de la montagne, et nous observaient sans doute, nous écarquillions les yeux pour découvrir au moins la tête d'un Peau-Rouge; mais ce fut en vain. Nous n'aperçûmes aucun de ces sauvages à plumes dont le teint est couleur de brique.

Quant aux Apaches de l'ouest, c'est jusqu'aux abords de Durango qu'ils poussent leurs incursions. Une jeune personne de cette ville nous conta qu'elle se rappelait très bien avoir été, à l'âge de cinq ou six ans, enlevée, par les Peaux-Rouges, d'une *hacienda* voisine où sa famille habitait alors. On se mit à la poursuite des ravisseurs, et un adroit tireur abattit d'un coup de carabine l'Apache qui l'emportait, et dont elle labourait rageusement de tous ses ongles les épaules nues.

§ 11. — *La vallée de Mexico* (1).

Les lacs. — Le Monte de las Cruces. — La fée Morgane du lac de Tezcoco. — Une friture d'*axolotes*. — Le secret des *chinampas* ou jardins flottants. — La chasse à l'*armada*, à la citrouille. — Les terrassiers indiens de Churubusco. — L'Iztaccihuatl, le Popocatepetl, l'Ajusco, la Croix du Sud, le Pedregal.

On ne me garda pas inactif à Mexico, tant s'en faut. On s'y occupait déjà des mesures à prendre pour que la marche en retraite de nos troupes s'effectuât dans les meilleures conditions de sécurité, et on avisait notamment aux moyens d'empêcher l'ennemi de pénétrer dans la vallée de Mexico pour nous y enserrer sans nous laisser le temps d'en sortir.

Cette vallée célèbre, dont la vue excita si vivement l'admiration, et plus encore la con-

(1) Les divers articles de ce paragraphe où il est question des lacs de la vallée de Mexico sont la reproduction, revue et corrigée, d'une notice insérée dans le bulletin de la Société des Sciences, Lettres et Arts de Pau (11ᵉ série, t. 27, 1897-1898).

voitise de Fernand Cortès et de ses hardis compagnons, quand ils y arrivèrent, est circonscrite à l'est, au sud et à l'ouest par une ligne continue de montagnes très élevées, et également barrée, du côté nord, par des mouvements de terrain moins accusés qui ne laissent aucune issue aux eaux qui s'y déversent. C'est donc, à proprement parler, un bassin, une cuvette qui n'a pas moins de 30 lieues de longueur du nord au sud, et de 10 lieues de largeur, et dont le fond, sensiblement plat, a 2,260 mètres d'altitude à Mexico.

Il s'y est formé six lacs dont la carte hydrographique, à l'échelle de $\frac{1}{80,000}$, lithographiée en novembre 1863 pour le bulletin de la Société mexicaine de géographie et de statistique, donne la configuration, les cotes d'altitude relative au-dessus ou en contre-bas du sol de la capitale, et les profondeurs prises à l'étiage. Ce sont :

Au nord de Mexico, et à 4^{m}16, 1^{m}57 et 1^{m}69 au-dessus, les lacs de Zumpango, de Xaltocan et de San-Cristobal ;

Au sud, et à 1ᵐ16 et 1ᵐ20 au-dessus également, les lacs contigus de Chalco et de Xochimilco, isolés l'un de l'autre par la chaussée rectiligne, de 4 kilomètres et demi de longueur, sur laquelle est pittoresquement assis, au coude qu'elle fait près du milieu, le petit village de Tlahuac, et que suivit le fameux conquérant pour aller à Mexico où l'attendait, mécontent et résigné, le pusillanime Montézuma ;

A l'est, en contre-bas de 1ᵐ91, le lac de Tezcoco qui, occupant le fond de la cuvette, reçoit, en sus des eaux qui y arrivent directement des montagnes de l'est, le trop-plein des autres lacs.

Les profondeurs à l'étiage ne dépassent pas 0ᵐ 50 aux lacs de Zumpango, de Xaltocan, de San-Cristobal et de Tezcoco, 2ᵐ40 au lac de Chalco, et 3 mètres à celui de Xochimilco.

L'eau du lac de Tezcoco est salée (1) et

(1) M. William Hay, directeur des usines de sel de soude de Tezcoco, explique ainsi cette salure : « Les laves, dites *tezontle*, en nahuatl *tetzontli*, des montagnes de l'est, se décomposent à l'air ; les pluies survenant entraînent les pous-

n'est pas poissonneuse. On y pêche cependant une sorte de batracien, de lézard-poisson, l'*axolotl*, qu'on ne trouve que là, et qui est comestible. La lagune de Mexico, ou de Tezcoco, avait, à l'époque de la conquête, des dimensions plus étendues; elle entourait la ville de Mexico, et se rattachait du côté sud au lac de Xochimilco vis-à-vis de Mexicalcingo. Quatre chaussées rectilignes reliaient la ville aux bords du lac. Selon Bernal Diaz del Castillo (1), quarante ou cinquante ans à peine après la prise de Mexico par Fernand Cortès, pour des causes qu'on n'a jamais su bien définir, la lagune centrale s'était déjà retirée à l'est, abandonnant la ville, et cessant de s'appeler lagune de Mexico pour conserver désormais la dénomination de lac de Tezcoco; et le déversement des eaux du lac de Xochimilco, dont elle s'était séparée et

---

sières, dissolvent les sels solubles et vont les verser dans le lac » (*Archives de la Commission scientifique du Mexique*, t. 2, p. 328.)

(1) *Histoire véridique de la Nouvelle-Espagne*, trad. Jourdanet, 2ᵉ édit. Paris, Masson, édit., 1877, pp. 226 et 227.

éloignée, s'y faisait déjà aussi par les canaux de la Viga et de San-Lazaro qui se prolongent l'un l'autre, le premier traversant la partie est de la ville de Mexico dont il recueille les eaux d'égout.

Les limites du lac de Tezcoco sont restées d'ailleurs, jusqu'à ces derniers temps, essentiellement variables, parce que, faute d'écoulement, ses eaux, dont l'afflux n'était compensé que par l'évaporation, baissaient, quand l'année était exceptionnellement sèche, et, s'élevant au contraire, quand les pluies étaient trop abondantes, réoccupaient leur ancien lit et inondaient même la capitale (1). Le *desagüe*, ou canal de dérivation, de Huehuetoca (2) n'a

(1) Années de sécheresse : 1861 à 1863; le lac s'assécha presque complètement.
Années d'inondation : 1552, 1604, 1607, 1623, 1629 à 1631, 1634, 1645.
D'après Arrangoiz (*Méjico desde* 1808 *hasta* 1867, 4 vol. Madrid. Perez Dubrull imp., 1872, app. du 1er vol.).
A ajouter l'inondation de 1865, au temps de l'occupation française.
(2) Exécuté d'abord en forme de tunnel de 1607 à 1632, le *desagüe* fut obstrué par des éboulements. en 1645, et

en effet débarrassé, assez imparfaitement même, paraît-il, le lac de Tezcoco que de l'apport du rio de Cuautitlan, dont il a rejeté les eaux dans la vallée de Tula.

Il n'en sera plus de même désormais. Depuis le 17 septembre 1899 les eaux du canal de la Viga, surchargées des immondices qu'il recueille à son passage à travers la ville, s'écoulent dans le grand canal de desséchement de la vallée, lequel canal, commencé au dix-huitième siècle, a été enfin terminé en 1898. Ce canal a 58 kilomètres de longueur; les 47 premiers kilomètres sont en tranchées atteignant parfois 8 mètres de profondeur, les 11 derniers en tunnel. Il déverse à Tequisquiac, où débouche le tunnel, ses eaux fertilisantes qu'on utilise pour l'irrigation de certains terrains de l'Etat d'Hidalgo.

Le desséchement de la vallée assuré, il res-

refait à ciel ouvert de 1635 à 1789. Les travaux, qui durèrent près de deux siècles, furent interrompus trois fois : en 1614 et 1615, de 1623 à 1631 et de 1774 à 1787 (même app. de l'ouvrage d'Arrangoiz).

tait à assainir la ville de Mexico même, où l'on a construit à cet effet un réseau d'égouts, à chasses d'eau, aboutissant au nouveau canal.

Les lacs de Chalco et de Xochimilco sont entièrement couverts de végétation flottante, et on a dû, pour y naviguer, y pratiquer un canal, ou *acalote* (1), principal, dit de Chalco, qui prolonge jusqu'à la ville de ce nom le canal de la Viga, et des embranchements desservant les diverses localités de la rive. Le canal de Chalco est la communication la plus directe entre Chalco et Mexico, et on l'utilise pour le flottage des bois du Rio Frio.

Dès les premiers jours de ma rentrée à Mexico, j'eus à relever, au sud-ouest de la vallée, les passages praticables de la magnifique forêt de cèdres et de sapins qui couronne les pentes du Monte de las Cruces, et à

---

(1) En nahuatl *acalotli* « chemin des bateaux », mot composé de *acalli* (acale) « bateau », et *otli* « chemin »; le mot *acalli*, « maison de l'eau », composé lui-même de *atl* « eau » et *calli*, « maison ».

compléter de ce côté la carte au $\frac{1}{80,000}$. Je poussai mes reconnaissances jusqu'aux belles ruines du couvent d'El Desierto, à plus de 3,000 mètres d'altitude.

Peu après je me joignais aux trois officiers de la compagnie de pontonniers [capitaine d'Huart (1), lieutenant Courties (2) et sous-lieutenant Glandu (3)], avec qui je devais explorer en bateau les lacs de Tezcoco et de Xochimilco, et étudier la possibilité d'en défendre les abords au moyen de batteries flottantes.

Les 15 et 16 décembre, nous naviguâmes, de Mexico à Guadalupe au nord-ouest, et à Los Reyes au sud-est, sur le lac de Tezcoco dont les eaux, hautes encore d'environ 2 mètres

(1) Depuis chef d'escadron, tué à l'ennemi, le 16 septembre 1870, au siège de Strasbourg.
(2) Mon camarade de promotion à l'École polytechnique, décédé capitaine le 15 avril 1870.
(3) Décédé chef d'escadron en retraite en 1889.

au-dessus de l'étiage à la suite de la grande inondation survenue peu de temps avant, arrivaient jusqu'aux abords de Guadalupe, de Mexico et d'Iztapalapa, couvrant complètement la chaussée du Peñon.

Le premier jour, au matin, par un temps splendide, à un moment où, au milieu du lac, nous cherchions la croix qui y a été plantée (1), toute une ville mexicaine, avec ses maisons blanches couvertes en terrasse, ses clochers de style espagnol et ses dômes brillants revêtus de carreaux vernissés aux couleurs éclatantes, nous apparut, magnifiquement éclairée, à la partie supérieure d'un rideau de léger brouillard qui nous cachait les rives. Autant que nous pûmes en juger en nous orientant, ce devait être la ville de Tezcoco, distante de 13 à 14 kilomètres, dont l'image, autre fée Morgane *(fata Morgana)*, se peignait devant

---

(1) Nous ne trouvâmes pas cette croix dont l'emplacement est marqué sur la carte au $\frac{1}{80,000}$ de 1863. La crue de 1865 l'avait peut-être renversée.

nous, comme de Reggio se voit parfois, au-dessus du détroit, l'image de la ville de Messine située également à 13 kilomètres environ.

Très rare au détroit de Messine, ce bel effet de mirage est, au contraire, fréquent sur le lac de Tezcoco. M. William Hay dit à ce sujet (1) :

« En regardant (de Tezcoco) vers Mexico, il m'a paru bien souvent que le sanctuaire de la villa de Guadalupe se trouvait presque au sommet des montagnes environnantes qui ont une hauteur décuple de celle de Guadalupe. »

« Sur le lac, les mirages font paraître les bateaux chalands entièrement hors de l'eau, et on les croirait élevés à 10 ou 15 mètres au-dessus du niveau du lac. »

Le second jour, mon excellent camarade Courties, l'ingénieux et ardent monteur d'aventureuses entreprises qu'à Sainte-Barbe, à l'École polytechnique et à Metz nous avions

(1) *Archives de la Commission scientifique du Mexique*, t. II, pp. 332 et 333.

surnommé le « Grand Chef », s'était muni de lignes pour pêcher des *axolotes*. Il en prit une demi-douzaine que nous fîmes frire à Santa-Marta, *hacienda* de la rive sud du lac où nous descendîmes à terre pour déjeuner.

Nous avions un fier appétit, aiguisé par l'air frais du matin et les senteurs marines de la belle nappe d'eau salée où nous avions vogué trois ou quatre heures. Le plat fut donc consciencieusement nettoyé; mais nous dûmes nous avouer que ce n'était pas bien bon, et que nous venions tout simplement de manger du lézard, l'*axolote* n'ayant guère du poisson que les branchies et la queue, que nous avions laissées.

Ce fut deux jours plus tard le tour du lac de Xochimilco, dont les eaux étaient également alors hautes encore d'au moins un mètre au-dessus de l'étiage. Nous l'explorâmes les 18 et 19 décembre, allant d'abord en bateau de Tenorio, où atteignait le lac débordé, à l'ouest, à Xochimilco au sud; contournant ensuite le lac à cheval, de Xochimilco à San-Nicolas sur la rive nord, par la chaussée de Tlahuac qui le limite à l'est; et reprenant enfin la voie d'eau de San-Nicolas à Tomatlan, à la pointe nord-ouest du lac, d'où, notre mission militaire terminée, nous poussâmes jusqu'à Mexicalcingo par le canal de la Viga, encore débordé lui aussi.

Comme la première, cette deuxième excursion nous fournit d'intéressantes observations.

Embarqués, le 18 décembre, à l'*hacienda* de Tenorio où nous étions venus coucher la veille, sur nos deux bateaux de pontonniers amenés jusque-là sur haquet, nous eûmes d'abord à traverser la nappe des eaux débordées, après quoi notre curiosité fut soudain vivement excitée. Nous nous engagions au travers d'un plantureux pâturage aux herbages hauts et touffus. Nous avions sous les yeux la végétation flottante qui couvre le lac. Notre guide, Indien du pays, nous apprenait la dénomination de *cinta* donnée à la couche compacte et épaisse de terrain végétal flottant produite, à la longue, par l'entrelacement ou, pour mieux dire, par le feutrage des fines racines de ces herbages étroitement emmêlées. Il nous disait son extrême légèreté spécifique, et aussi la facilité avec laquelle on la découpe en tranches verticales au moyen d'une lame de faux ou de grand *machete*, longuement emmanchée. On peut, ajoutait-il, marcher dessus, on n'y enfonce au plus qu'à mi-jambe; et elle supporte aussi, sans trop fléchir, les bestiaux qu'on y fait pâturer là où elle est bien homogène et exempte de fondrières. Et nous mesurions l'épaisseur de la *cinta,* qui a partout de 1 mètre à 1^{m}50, et nous poussions nos gaffes au-dessous et y trouvions le vide par 4 mètres de profondeur d'eau.

Quand, ayant tourné à droite et enfilé le canal, ou *acalote*, qui mène à Xochimilco, nous approchâmes de cette localité, ce fut bien autre chose. Le canal pénétrait dans un fouillis d'arbustes. Nous naviguions maintenant sous une voûte de feuillage. Et à droite et à gauche, sur tout le parcours de quatre à cinq cents mètres que nous avions encore à suivre, c'étaient des rangées de parterres de fleurs, de légumes et d'arbustes, généralement carrés et d'un are ou deux de superficie, séparés les uns des autres par des *acalotes* plus étroits, comme les carreaux de nos potagers le sont par des allées sablées; et sur la plupart, sinon sur chacun, il y avait une hutte.

« Des *chinampas!* Ce sont des *chinampas!* Des jardins flottants! » crions-nous, l'ami Courties et moi, qui tenons la tête avec notre bateau. Enthousiasmés, émerveillés, le regard avide, nous voulons nous rendre compte de tout. Et c'est un enchantement de voir toute une population de *chinamperos* aller et venir, les uns sur les jardins mêmes, les autres tout autour par les allées liquides, où chacun, grands et petits, a sa pirogue, grande ou petite aussi, qu'il manœuvre en battant l'eau, alternativement à droite et à gauche, de sa pagaie à double pale. Les enfants, et jusqu'aux marmots tout nus de trois ou quatre ans à peine, se pressent vers nous, curieux, et, bateliers déjà habiles, font bondir leurs pirogues minuscules autour de nos embarcations.

Selon l'expression dont se servit Fernand Cortès à propos des fumées du Popocatepetl, le « secret » des *chinampas* nous était révélé, avec tout les détails de leur formation, de leur exploitation et de leur transformation progressive. Et Courties ne se déclara satisfait qu'après que, prenant du bout de sa gaffe un point d'appui au fond du lac, il eut réussi à imprimer à l'une d'elles un léger balancement.

Ce ne furent pas tout d'abord, comme le suppose Humboldt, et comme l'ont dit, d'après lui, d'Orbigny et Prescott, « des mottes de gazon détachées du rivage, réunies artificiellement, piochées et ensemencées ». Flottantes tant qu'un fort courant les entraîne, de pareilles mottes gagnent bien vite le fond en eau calme.

Ce ne furent pas davantage plus tard, comme le conjecture encore Humboldt, comme l'avait dit avant lui Clavijero, et comme l'ont répété tant d'autres auteurs qui, pour la plupart, n'ont vu que les anciennes *chinampas* des bords du canal de la Viga, lesquelles, fixées au sol depuis plus de trois siècles, ne sont plus que de vulgaires jardins maraîchers, ce ne furent pas devantage, dis-je, « des radeaux confectionnés avec des roseaux, des joncs, des racines et des branches de broussailles, et couverts de terre ». C'est justement faute de terre que fut imaginée l'industrie des *chinampas*, et s'ils en avaient eu, c'est là où elle était que les Aztèques, à qui est généralement attribuée cette invention, l'auraient cultivée, plutôt que de la porter au lac. Et j'aimerais, au surplus, à voir quelqu'un s'essayer, sur un de nos lacs, à faire flotter un radeau confectionné de la sorte et couvert de terre : je doute fort qu'il y réussît.

La chose, j'ai hâte de l'expliquer, était plus simple et mieux préparée par la nature elle-même. Une *chinampa*, c'était, c'est encore de nos jours un morceau de *cinta* mis en culture.

Pour se créer un de ces petits domaines flottants, l'Indien découpe d'abord un carré de *cinta* bien compacte et bien homogène, ou, à défaut de portion suffisamment grande de *cinta* utilisable, en juxtapose et relie les uns aux autres, au moyen de piquets et de harts, des fragments dont il forme un carré de la dimension voulue. Il dénude ensuite l'eau tout autour de ce carré et, fauchant les herbages qui le recouvrent, allège d'autant la *cinta* et en fait émerger la partie supérieure. Si la mise hors d'eau obtenue de cette manière n'atteint pas, et c'est ce qui arrive d'ordinaire, la hauteur d'environ 0^m30 à 0^m40 nécessaire pour que la *chinampa* ne s'enfonce pas outre mesure sous le poids des récoltes, des plantations, de la hutte, etc., qu'elle aura à supporter, l'Indien découpe des tranches peu épaisses de *cinta* vierge, et en étend à plat un ou plusieurs lits, suivant qu'il est nécessaire, sur son radeau naturel. Lui donnant par ce moyen plus d'épaisseur, sans accroître son poids spécifique, il accentue dans la même proportion sa saillie au-dessus de l'eau.

Sa *chinampa* ainsi faite, il y répand, en guise d'engrais, de la vase puisée au fond du lac avec une poche en toile emmanchée d'une longue perche, y fait semailles et plantations, et le nouveau *chinampero* pourra bientôt, comme ses voisins, porter à Mexico dans son *acale*, dans son large bateau à fond plat, des fleurs, des fruits et des légumes qu'il vendra à quai au débarcadère du Puente de Roldan.

Par la création de nouvelles *chinampas* la banlieue flottante de Xochimilco s'étend aux dépens du lac. Mais, si elle gagne en avant, elle perd en arrière. Le radeau de *cinta* s'alourdit en effet par l'incorporation des déchets de culture et des éléments solides de la vase, matières plus lourdes que la *cinta* et que l'eau elle-même. Il y a donc enfoncement progressif de la *chinampa*, et nécessité d'y superposer de nouveaux lits de *cinta* vierge, quand la saillie au-dessus de l'eau devient trop faible. Par cet enfoncement progressif, la *chinampa* se rapproche du fond et finit par y toucher. Elle est alors *sentada*, assise; c'est de la terre ferme.

La bourgade de Tlahuac, que nous traversâmes, le 19 décembre, en faisant le tour du lac, a également une banlieue de jardins flottants dont nous ne vîmes que l'ensemble sans quitter la chaussée.

Au temps où la lagune de Mexico et le lac de Xochimilco se rejoignaient à hauteur de Mexicalcingo, la *cinta* recouvrait la partie de la lagune comprise entre cette dernière localité, Iztapalapa et Mexico, et il y avait été fait des *chinampas* qui, celles-là, se sont brusquement assises, lorsque l'eau qui les portait s'est retirée, et, je l'ai déjà dit, ce ne sont plus depuis lors, le long du canal de la Viga et aux abords d'Iztapalapa, que des jardins maraîchers auxquels la dénomination de *chinampas*, que la tradition leur a conservée, ne convient plus du tout.

Tous les auteurs paraissent d'accord pour reconnaître, dans les Aztèques qui ont fondé en 1325 la ville de *Tenochtitlan* ou Mexico, les inventeurs des *chinampas*. J'ai l'idée que cette invention, qu'on ne fait ainsi remonter qu'au quatorzième siècle, date peut-être d'une époque bien plus reculée, et pourrait, avec quelque vraisemblance, être attribuée aux fondateurs de l'antique cité d'Acopetlayuca, sur les ruines de laquelle, selon l'abbé Brasseur de Bourbourg (1), les Xochimilques se fixèrent en 1142. La portion de terre ferme, en forme de presqu'île, qu'occupe la ville de Xochimilco, aurait, dans cette hypothèse, été gagnée progressivement sur le lac, au moyen de *chinampas* touchant le fond les unes après les autres, de

(1) *Histoire des nations civilisées du Mexique et de l'Amérique centrale durant les siècles antérieurs à Christophe Colomb,* 3 vol. Paris. Arthur Bertrand, édit., 1858, 2ᵉ vol., pp. 263 et 264.

la même manière qu'elle s'accroît encore petit à petit de nos jours.

Unique survivant des quatre officiers explorateurs de 1865, j'allais, après avoir compulsé tous les ouvrages, où il est question des *chinampas,* que j'ai pu trouver, conclure que décidément personne, avant moi, ne s'était avisé de ce que j'avais à en dire, quand j'ai enfin mis la main sur le roman *La Reine des lacs*, de Mayne Reid, traduit pour la première fois en français par A. Mouraux (1). L'auteur, capitaine commissionné au corps expéditionnaire américain qui, en 1847, pénétra par le sud-est dans la vallée de Mexico et se rendit maître de la capitale, dut sans doute, singulière coïncidence! explorer les lacs de Xochimilco et de Chalco dans des circonstances analogues à celles dans lesquelles quatre officiers du corps expéditionnaire français reconnurent, dix-huit ans plus tard, le premier de ces deux lacs et celui de Tezcoco.

(1) Paris. L. Boulanger, édit., 1894.

Dans son récit, dont je laisse de côté l'intrigue, le célèbre romancier anglais décrit la *cinta,* les *acalotes* et les *chinampas* (celles de Tlahuac), « au sujet desquelles », dit-il, comme je l'ai dit moi-même, « Humboldt, Prescott et tous ceux qui les ont suivis ont laissé des renseignements erronés en tous points ». Et il ajoute :

« En réalité ce mode de formation est encore une énigme pour les savants naturalistes européens ; et cela n'est pas mieux compris par les habitants du Mexique eux-mêmes, je veux dire par ceux qui vivent dans les villes. Autant que je puis le croire, aucun voyageur, ancien ou moderne, n'a encore exploré cette vaste étendue de marais qui occupe toute la partie sud de la vallée de Mexico ; et les habitants de la capitale la regardent comme une contrée inconnue, *tierra desconocida,* selon leur expression. »

Cela était encore vrai en 1865. Ce l'est encore aussi aujourd'hui.

Le capitaine Mayne Reid explique de la

même façon que moi la formation de ces merveilleuses îles flottantes cultivées. J'ai été heureux de le constater : il est bon de s'y mettre à deux quand il s'agit de contredire M. Alexandre de Humboldt.

Les *chinampas* ont leur gracieuse légende que Clavijero raconte (1) :

« Mécontent de ce que les Mexicains, ses vassaux, avaient, en 1352, vingt-sept ans après la fondation de leur ville, transformé, sans sa permission, leur gouvernement aristocratique en monarchie, le roi d'Azcapozalco résolut de les en punir en augmentant le tribut qui leur était imposé. Il décida donc et leur fit savoir qu'ils devraient désormais lui payer le double, et que, de plus, ils lui fourniraient je ne sais combien de pieds de saule et de sapin, à planter dans les rues et les jardins d'Azcapozalco, et conduiraient jusqu'à cette capitale, située sur la rive ouest du lac mexicain, un grand jardin

(1) *Histoire ancienne du Mexique*, liv. III.

flottant où auraient été semées et où auraient germé toutes les graines cultivées dans l'Anahuac. »

« Les Mexicains, qui jusqu'alors n'avaient payé, pour tous impôts, qu'une certaine quantité de poissons et un certain nombre d'oiseaux aquatiques, s'affligèrent d'autant plus de cette aggravation de leurs charges qu'ils craignaient de les voir s'accroître encore. Ils firent pourtant ce qui leur était ordonné, et remirent exactement à leur suzerain, avec la pêche et la chasse habituelles, les jeunes arbres et le jardin flottant demandés. »

« Ce tribut reçu, le roi leur enjoignit de lui amener, l'année suivante, un autre jardin où il y aurait une cane et une femelle de héron blanc, couvant toutes les deux leurs œufs, et de s'arranger de telle manière qu'à l'arrivée de la *chinampa* à Azcapozalco les poussins commençassent à naître. Les Mexicains obéirent, et prirent si bien leurs mesures que le prince eut le plaisir de voir les poussins sortir de l'œuf. »

« L'année d'après, ce fut encore un jardin flottant, et dessus un cerf vivant, que le roi exigea des Mexicains ; et cet ordre était en vérité plus malaisé à exécuter que les deux précédents, parce qu'il leur fallait, pour chasser le cerf, aller aux montagnes de la terre ferme, où ils risquaient fort de se rencontrer avec leurs ennemis. Ils s'y conformèrent néanmoins pour éviter des torts plus graves » (1).

Je n'en ai pas fini avec notre excursion sur les lacs mexicains, si féconde en agréables surprises.

J'ai dit qu'arrivés à Tomatlan, à la pointe nord-ouest du lac de Xochimilco, où notre mission était, au point de vue militaire, terminée, la fantaisie nous prit de descendre jusqu'à Mexicalcingo par le canal de la Viga débordé. Heureuse inspiration ! A mi-chemin,

(1) Voir au 3ᵉ paragraphe de l'appendice la description, empruntée à divers ouvrages, d'îles flottantes existant ou ayant existé en d'autres lieux.

un curieux spectacle s'offrit à nos regards. A deux ou trois cents mètres de nous, sur une jolie nappe d'eau s'étalant au loin vers l'ouest, une flottille d'*acales* était rangée en un grand demi-cercle, entourant un vaste espace couvert de milliers de canards sauvages, les uns posés sur l'eau, les autres voletant. Intrigués, nous poussons droit dessus. Se détachant aussitôt des autres, l'*acale*, le canot le plus rapproché vient rapidement au-devant de nous, et l'Indien qui le monte nous conjure de ne pas aller plus loin, offrant même de nous payer notre complaisance 40, 50 piastres (200, 250 francs),... ce que nous voudrions. Nous déclinons cette offre et consentons de bonne grâce à nous arrêter, à la condition toutefois qu'il nous expliquera ce que nous voyons. Rassuré et reconnaissant, il s'empresse de nous satisfaire.

C'était une chasse aux canards des plus fructueuses que nous risquions, en approchant davantage, de faire manquer. Sur un bateau placé en un point convenablement choisi, et que nous apercevions au delà de la multitude des volatiles, était installée une *armada*, sorte de machine infernale formée de deux rangées superposées de canons de fusil placés en éventail, au nombre d'une cinquantaine par rangée (1). La rangée inférieure est pointée sur la surface même de l'eau, l'autre à un mètre ou deux au-dessus. Quand la flottille des rabatteurs, poussant doucement le gibier, a enfin réussi (cela demande toujours plusieurs heures, et quelquefois plusieurs jours) à le bien grouper à bonne portée devant le terrible

---

(1) On lit dans l'ouvrage d'Arrangoiz déjà cité, à propos de la répression de l'insurrection de Jose Francisco Ozorno par les troupes dont le vice-roi avait donné le commandement au capitaine de frégate don Ciriaco de Llano, l'un des chefs et officiers envoyés de la Havane à défaut d'autres chefs suffisamment capables :

« Le 5 septembre 1811, Llano attaqua le gros des insurgés et les mit en fuite, leur prenant beaucoup d'armes, et parmi elles de ces files de petits canons dont les Indiens se servent pour tuer les canards sur les lagunes des environs de la capitale. »

Fieschi, le grand criminel qui, en 1835, imagina, pour une chasse moins innocente, une machine infernale semblable, n'en fut pas, comme on le voit, le premier inventeur.

engin, l'Indien posté à l'affût en arrière tire une ficelle, puis une autre, et de deux décharges espacées de deux ou trois secondes à peine, et dirigées, la première sur toute la masse des canards s'ébattant sur l'eau, la suivante sur les survivants de la première prenant leur vol pour s'enfuir, abat jusqu'à 1,000 à 1,500 pièces,... qu'offriront le soir aux acheteurs, par les rues de Mexico, les plaintives *Indias tristes,* dont j'ai retenu la traînante mélopée :

No to-ma-ràn pa-to co - ci - do con chi!..................!
(N'achèterez-vous pas du canard cuit, au piment!)

Clavijero relate une autre façon, non moins originale, de chasser les canards, qu'avaient les Mexicains d'avant la conquête, et qui se faisait encore de son temps (1).

« Il y a », dit-il, « sur les lacs de la vallée de Mexico une prodigieuse multitude de canards, d'oies et d'autres oiseaux aquatiques. Les

---

(1) *Histoire ancienne du Mexique,* liv. VII.

Mexicains laissaient flotter sur les eaux, là où les oiseaux s'assemblaient, quelques citrouilles vides que ceux-ci s'habituaient à voir, et dont ils s'approchaient bientôt sans crainte. L'oiseleur entrait alors dans l'eau, y cachant tout son corps, la tête masquée d'une citrouille. Les canards approchaient pour becqueter la citrouille, et lui, les tirant par les pieds, les noyait et en prenait ainsi autant qu'il voulait. »

Cette chasse s'est perpétuée jusqu'à nos jours. Un habitant de Pau (1), revenu depuis une trentaine d'années du Mexique où il en avait passé une vingtaine, m'a conté l'avoir pratiquée lui-même avec succès et non moins de plaisir, au grand détriment de sa santé d'ailleurs.

Vint l'année 1866.

Au mois de février je fus détaché, avec un sergent du génie et quelques sapeurs, à Chu-

(1) M. Ernest Daran, décédé le 21 janvier 1898.

rubusco, au sud et à 8 kilomètres de Mexico, pour y construire un ouvrage de défense sur la position même d'où, le 20 août 1847, les Américains délogèrent les Mexicains qui s'y étaient portés pour les arrêter dans leur marche sur la capitale. Sur le champ de bataille étaient restés, à peine enfouis, à fleur du sol, quantité de débris d'effets militaires et de matériel de guerre de toute sorte, que les premiers coups de pioche mirent à découvert.

Là encore, comme à Monterey dix-huit mois avant, je fis l'épreuve de ce qu'il est possible d'obtenir des Indiens en sachant bien s'y prendre. Mes terrassiers indigènes étaient embauchés par l'entrepreneur des travaux du service du génie de Mexico, un Français, homme excellent, qui les traitait avec bienveillance, et les payait régulièrement, à un taux supérieur aux salaires habituels du pays. Je leur avais donné à tâche le creusement du fossé, de 8 à 10 mètres de large, du retranchement, dans un terrain de sable pur où l'on trouvait l'eau à quelques décimètres à peine au-dessous du niveau du sol. La fouille devait être poussée jusqu'à 0^{m}50 sous l'eau, et le sable de déblai envoyé d'un seul jet sur la berge du côté où se massait le parapet.

Il s'agissait donc de doubler, dans les conditions les plus défavorables, la portée du jet de pelle qui normalement est de 2 à 4 ou 5 mètres au plus. Mes Indiens s'en tirèrent à leur honneur, et c'était plaisir que de les voir, dans l'eau jusqu'aux genoux, arracher du fond avec le tranchant de l'outil une bonne pelletée de sable, la laisser s'égoutter un peu hors de l'eau et, fermes sur leurs jambes finement musclées, lui faire franchir l'espace d'un adroit et vigoureux effort des deux bras, cela avec le plus bel entrain, en s'excitant les uns les autres et se défiant à qui aurait le jet le mieux réussi.

L'attention mise en éveil par ma récente navigation au travers de la *cinta*, je remarquai bien vite que l'eau ainsi mise à nu verdissait au bout de quelques jours, se couvrant spontanément d'une menue végétation qui rappelait, comme aspect, les jeunes semis de nos jardins potagers ; et je vis là, prise sur le fait, la naissance d'une végétation flottante sur des eaux appartenant à la même nappe que celles du lac de Xochimilco voisin, et contenant sans doute les mêmes germes.

Churubusco est le nom travesti à l'espagnole (1) de la florissante cité aztèque de Huitzilopochco, de la ville du terrible Huitzilopochtli, dieu de la guerre, dont il ne reste

(1) Les Espagnols accommodent les noms étrangers de la façon la plus fantaisiste. De *Cuauhnahuac* « près des arbres », *Huitzilopochco* « où est *Huitzilopochtli* », *Atlacuihuayan* « où on puise l'eau », *Ahuilizapan* « dans l'eau joyeuse », ils ont fait *Cuernavaca* « corne-vache », et *Churubusco*, *Tacubaya* et *Orizaba* qui ne signifient rien. Ma petite amie de Durango, Juanita Stahlknecht, gentille fillette de dix à onze ans, de père allemand et mère mexicaine, eut tôt fait de travestir son nom de famille : « Je m'appelle Juanita *Estaca la canela* (attache la cannelle) », me disait-elle.

rien, et sur l'emplacement de laquelle s'est élevée la bourgade actuelle, ainsi que l'ancien couvent, la lourde construction où je fus logé avec mon sous-officier et mes hommes, et où j'occupais deux pièces du premier étage, dont l'une avait un balcon à l'exposition du midi.

Je vivais là seul, et les soirées étaient longues. Je les passais d'ordinaire au balcon, et j'ai encore devant les yeux le magique panorama que je ne me lassais pas de contempler.

A gauche, se profilant l'une à côté de l'autre, à 5,286 et 5,452 mètres d'altitude, et prononçant bien, par la déclivité de leurs pentes opposées qu'il raccorde, le col que franchit Fernand Cortès pour pénétrer dans la vallée, c'étaient, vaguement éclairées par la lune, les silhouettes aux blancheurs spectrales des deux montagnes célèbres : l'Iztaccihuatl (1), la « femme blanche », saisissante image d'une femme couchée sous un pâle linceul de neige, les genoux légèrement relevés, la poitrine sail-

(1) *Cihuatl* « femme », *iztac* « blanche ».

lante, la tête renversée, la chevelure tombant éparse en arrière ; et la « montagne qui fume », le Popocatepetl (1) au beau cône coiffé de blanc, géant superbe condamné, dit la vieille légende indienne, à se tenir toujours debout, comme en une éternelle veillée mortuaire, près du corps enseveli de son épouse défunte.

Devant moi se développait la chaîne de montagnes boisées qui barre la vallée du côté sud, et que domine à droite la cime cotée 3,986 du Cerro de Ajusco. Et, comme élevé sur un gigantesque autel, le signe de la Rédemption, la troublante constellation de la Croix du Sud, resplendissait au-dessus de la masse sombre.

J'étais tout près du Pedregal, de la vaste et épaisse coulée de lave qui s'étale jusqu'à Coyoacan, au pied de l'Ajusco. Je m'engageai de quelques centaines de mètres dans le labyrinthe de ruelles et de cachettes « qu'y a produit », explique M. Virlet d'Aoust (2), « le

---

(1) *Tepetl* « montagne », *popoca* « qui fume ».
(2) *Coup d'œil sur la topographie et la géologie du*

morcellement en énormes blocs de la nappe soulevée, brisée, disloquée par un nouvel épanchement de lave survenu au-dessous d'elle après son refroidissement ». Ces ruelles et cachettes servirent de tout temps et servent peut-être bien encore de repaire aux bandits de la vallée.

§ 12. — *Expédition sur Zitacuaro.*

Le Nevado de Toluca. — Les chiens et l'âne de Zitacuaro. — Singulière épidémie. — Bel amour-propre de gradé.

Cependant nos troupes guerroyaient toujours dans le Michoacan moins pacifié que jamais. Le 5 mars, une colonne légère composée du bataillon de tirailleurs algériens (1) et d'une section d'artillerie de montagne (2), et dont je fis partie avec un détachement de 15 sapeurs du génie, quittait Mexico, allant à

Mexique et de l'Amérique centrale, par M. Virlet d'Aoust. — *Bulletin de la Société géologique de France*, 2ᵉ série, t. XXIII, 1865.

(1) Commandant Guyot de Leucher (perdu de vue); adjudant-major Cailliot, décédé général de division du cadre de réserve.

(2) Lieutenant Plessix, aujourd'hui colonel en retraite.

marches forcées au-devant d'une forte troupe juariste qui, après s'être emparée de la petite ville de Zitacuaro, située à 40 lieues à l'ouest de Mexico, menaçait Toluca. L'ennemi rebroussa chemin à notre approche, obstruant le passage de troncs d'arbres, et essayant même d'incendier les forêts que nous traversions, pour retarder notre marche, mais prenant pour cela mal ses mesures, et ne laissant entre lui et nous que des obstacles illusoires. Il ne sut pas nous arrêter, et nous ne réussîmes pas mieux à l'atteindre.

Nous avions passé tout près du *Nevado* ou « Névé » de Toluca, ancien volcan, de 4,578 mètres d'élévation au pied duquel est située la ville dont il a pris le nom. La neige, qui n'y est pas perpétuelle, en blanchissait alors la cime.

Quand nous arrivâmes, le 10 mars, à Zitacuaro, les ruisseaux et les fontaines des rues étaient encore humides de l'eau qui y coulait peu d'instants avant, et que les libéraux en avaient détournée à son origine même, au bassin de captage de la source, à un ou deux kilomètres à peine de distance, en bouchant l'orifice de départ de la conduite d'amenée avec un gazon que je fis aussitôt retirer par l'un de mes sapeurs. Il leur eût été très aisé de nous mettre dans l'embarras en coupant la conduite elle-même, à la traversée d'une petite *barranca* qu'elle franchissait au moyen d'un caniveau en bois. Ils n'en eurent pas l'idée, ou peut-être le temps leur manqua-t-il.

Il n'était pas resté un seul habitant dans la ville. Nous n'y trouvâmes qu'un âne boiteux et une vingtaine de chiens, gardiens fidèles des foyers abandonnés. Ces derniers, méfiants et hargneux, ne se laissèrent pas approcher et repoussèrent toutes nos avances. Ils hurlèrent à la mort les trois ou quatre premières nuits. Puis on n'entendit plus rien : ils s'étaient tous laissés crever de faim. L'âne, plus philosophe, s'était aussitôt accommodé de ses nouveaux maîtres.

Au début de notre occupation, les libéraux étaient restés, nous observant, sur les hauteurs boisées qui enserrent la ville en demi-cercle à faible distance. Ils étaient même venus, la première nuit, boucher à nouveau l'orifice de départ de la conduite d'eau, et une balle siffla à nos oreilles le lendemain, près de la source, quand, le gazon retiré encore, nous reprîmes, mes sapeurs et moi, le chemin de la ville. Une hardie opération de nuit nous débarrassa de leur désagréable voisinage, et ils furent refoulés vers le sud.

Une bien singulière épidémie sévit sur nous vers la fin de mon séjour à Zitacuaro. C'était, à la plante des pieds, comme une altération de tous les pores de la peau, où se formaient autant de vésicules infiniment petites, très douloureuses tant qu'elles n'avaient pas crevé et évacué le liquide qui les emplissait. La marche était, sinon impossible, du moins extrêmement pénible : il semblait qu'on posât le pied sur des milliers de pointes d'aiguilles.

Le mal atteignit presque tous les officiers et moi-même, les trois quarts des tirailleurs et des canonniers, et tout mon détachement, mon premier ordonnance seul excepté. Le jeune médecin de la colonne (1) ne sut pas lui donner un nom, et le Dr Ehrmann, médecin en chef du corps expéditionnaire, venu de Mexico tout exprès pour l'étudier, déclara tout net qu'il ne savait ni ce que c'était, ni ce qu'il fallait y faire.

On essaya, qui de l'eau froide, qui de l'eau chaude; beaucoup, je fus du nombre, ne firent rien, et chez tous l'affection s'en alla d'elle-même au bout de quinze jours ou trois semaines.

Je quittai, le 12 avril, Zitacuaro mis en état de défense, rappelé, pour l'exécution de pareil travail, à Toluca où je fus rendu le 15. Mes sapeurs, encore pris par les pieds, firent le

(1) Dr Poncet (perdu de vue).

trajet montés sur des bourricots de réquisition. Piqué d'un bel amour-propre, le caporal chef du détachement avait voulu aller à pied. A la première grande halte, prévenu par ses hommes, je fus le surprendre, couché à l'écart et pleurant à la fois de douleur et de rage de se sentir trahi par ses forces, et je l'obligeai à continuer la route à dos de bourricot comme les autres.

§ 13. — *Reconnaissance du chemin de fer en construction de Mexico à Vera-Cruz.*

L'ingénieur américain. — La Botte de Maltrata. — Le pont de Metlac.

Rappelé de même à Mexico, j'y rentrai le 26 mai après deux jours de route, pour en repartir trois jours plus tard, le 29, adjoint au chef d'état-major du génie (1) qui avait reçu mission de reconnaître le chemin de fer, de 424 kilomètres de longueur, en construction

---

(1) Lieutenant-colonel Bressonnet, remplaçant le colonel Doutrelaine devenu commandant du génie du corps expéditionnaire.

de Mexico à Vera-Cruz, avec embranchement de 47 kilomètres sur Puebla, et de rendre compte de son état d'avancement, ainsi que de la possibilité de terminer à bref délai cette entreprise colossale, dont le début remontait à 1837.

La compagnie Lloyd, qui avait repris les travaux maintes fois interrompus, était anglaise. M. Braniff, son ingénieur, qui nous accompagna, était un Américain, type accompli de l'Anglo-Saxon plein de santé et de force, énergique, indépendant, allant droit au but sans qu'aucune considération ne l'arrête, au demeurant le plus aimable des hommes. Je le vois encore se débarrassant d'un coup de télégraphe, à je ne sais plus quelle station de la ligne, d'un chef de section qui avait négligé de profiter d'une journée de forte pluie pour s'assurer que ses remblais se comportaient bien, sans se raviner, sous l'averse, et que l'écoulement des eaux se faisait bien partout.

— « Il ne valait pas les 4,000 piastres qu'il touchait », nous dit-il.

Il omettait d'ajouter, mais nous sûmes que le chef de section aïnsi mis de côté était le fils de l'un des administrateurs de la compagnie. Cela ne l'avait pas fait hésiter un instant à user de rigueur. Il valait bien lui, M. Braniff, les 15,000 piastres, les 75,000 francs de traitement qui lui étaient attribués.

Son œuvre magistrale, dans l'établissement de cette voie ferrée, est la descente reliant les stations de Boca del Monte et de Maltrata, très proches à vol d'oiseau, mais différant de plus de 700 mètres en altitude. Pour aller de l'une à l'autre, la ligne serpente sur les flancs des puissants contreforts du Pic d'Orizaba en une vertigineuse succession de tunnels, de viaducs aériens, de tranchées à pic, de corniches surplombant des abîmes. C'est la « Botte de Maltrata », ainsi nommée par l'ingénieur parce que le tracé, de 20 kilomètres de développement, y figure assez bien en plan le profil d'une botte, dont les stations de départ et d'arrivée occupent respectivement le derrière et le devant du haut de la tige.

Plus loin se construisait l'audacieux pont de la *barranca* de Metlac, ravinement de 300 mètres de largeur et de 100 mètres de profondeur. On nous montra, déjà faites en maçonnerie, les deux petites culées accrochées aux bords de la *barranca*, et au fond deux piles intermédiaires de 20 mètres de hauteur. Sur ces dernières devaient se dresser deux pylones en charpente de fer, de 80 mètres de hauteur, et sur le tout reposer la double poutre en treillis du tablier, à trois portées de 100 mètres chacune. On nous fit voir le dessin du pont terminé et, comme nous exprimions la crainte d'oscillations latérales trop prononcées au passage des trains :

— « Nous venons de faire un pont tout pareil au Chili », nous dit M. Braniff, « et en voici la photographie. On passe dessus depuis deux ans. »

— « *All right!* » ne pus-je m'empêcher de conclure, en lui empruntant sa locution favorite, et aussi son intonation brève et assurée.

Nous avions suivi à cheval pas à pas en dix-sept étapes, du 29 mai au 16 juin, tout le parcours de la ligne principale et de son embranchement, sans autre arrêt qu'un jour de repos à Puebla le 5 juin, et un autre à Orizaba le 13 ; et nous avions en outre visité en train spécial le tronçon de Paso del Macho à La Soledad et à La Purga, récemment ouvert et que nous ne connaissions pas.

Le 17 juin nous repartions de Paso del Macho, par la route directe, pour Mexico où nous rentrions le 30, ne nous étant arrêtés que deux jours, les 19 et 20 à Orizaba, et ayant franchi la distance de 87 lieues en douze jours.

§ 14. — *Dernier séjour à Mexico.*

Le théâtre, la Peralta. — Le cheval mexicain et son cavalier. — Les *Plateados*. — Le *lazo* mexicain. — Les courses de taureaux. — Je suis fait chevalier de la Légion d'honneur. — Les croix de Guadalupe de l'impératrice Charlotte.

Je pus enfin jouir tranquillement, pendant les mois de juillet et août, des distractions qu'offrait la capitale, où depuis six mois je ne faisais que passer et repasser.

L'animation y était alors fort grande.

Le Théâtre national avait une troupe italienne pas trop mauvaise, avec une *prima donna* mexicaine, la Peralta, dont ses compatriotes étaient tout fiers, et que l'empereur Maximilien, heureux de l'occasion qui s'offrait à lui de s'ériger en protecteur des arts, avait honorée du titre de « chanteuse de sa chambre ».

La *plaza de toros* était tenue par une brillante *cuadrilla*, et je devins, comme la plupart de mes camarades d'ailleurs, d'autant plus fanatique des courses de taureaux qu'en plus de la réelle beauté du spectacle, j'y trouvais ample matière à observations.

Je m'étendrai donc volontiers quelque peu sur ce dernier sujet, que je ne saurais mieux entamer qu'en parlant d'abord du cheval mexicain et de son cavalier, puis du *lazo* et de la manière de se servir de cet utile accessoire des *corridas* mexicaines.

Le cheval mexicain descend des genets andalous amenés par les Espagnols. Sa taille est moyenne, ou plutôt, selon mon impression personnelle, au-dessous de la moyenne; il est, en tout cas, notablement plus petit que le cheval arabe de nos chasseurs d'Afrique qui, à côté de lui, m'a toujours fait l'effet d'un grand cheval, ce qu'il n'est pas. Il est incapable de soutenir longtemps une course à toute vitesse, et le cheval arabe avait tôt fait de le rattraper. Mais il ne le cède à aucun pour l'endurance des trajets de deux ou trois cents lieues faits au pas relevé, en de longues étapes se succédant sans autres interruptions que des repos, d'un ou deux jours au plus, largement espacés.

Le suprême du genre pour le cavalier mexicain, c'est de lancer son cheval ventre à terre, de l'arrêter instantanément, après quelques centaines de mètres de course échevelée, par la simple action d'un mors énergique qui lui brise les barres, de lui faire faire demi-tour sur les pieds de derrière sans lui laisser le temps de poser à terre son avant dressé par une aussi brusque secousse, et de le lancer à nouveau en sens inverse, pour l'arrêter encore et le faire volter de même à l'autre bout de la carrière. Un tel exercice, qui ruine en peu de temps l'arrière de la bête et dérange singulièrement ses aplombs, s'explique pour ceux-là seuls qui ont parcouru le pays. On y trouve, en effet, des plaines rases qui paraissent s'étendre à l'infini, et où il semble qu'on puisse aller à bride abattue sans risquer de rencontrer aucun obstacle. Erreur! On aperçoit soudain, à quelques pas devant soi, une *barranca*, un ravinement large et profond, aux parois taillées à pic, où l'on roule avec sa monture, si l'on ne réussit pas à l'arrêter assez tôt. On cite des cavaliers qui, en si périlleuse occurrence, surent maîtriser juste à point leur cheval et, l'enlevant vigoureusement, le faire pivoter sur les pieds de derrière glissés jusqu'à l'extrême bord de l'abîme, les pieds de devant battant l'air au-dessus du vide.

On peut affirmer, d'une façon à peu près absolue, qu'au Mexique tout le monde monte à cheval, et revêt pour y monter l'élégant et souvent fort riche costume national, que porte constamment le *ranchero*, et la plupart du temps, sinon toujours, l'*hacendado*, l'opulent propriétaire foncier.

Le costume mexicain comprend : la *cotona*, veste courte en cuir souple, plus ou moins chamarrée d'or ou d'argent, s'ouvrant sur le plastron de la chemise richement brodé à la main ; les *calzoneras*, pantalon de même cuir, serré à la taille par la ceinture de soie aux franges pendantes, et laissant voir le large caleçon de fine toile blanche par ses ouvertures latérales, que garnissent du haut en bas des boutons d'argent reliés par des chaînettes de même métal ; le *zarape*, couverture de laine aux vives couleurs, percée au centre d'une fente où l'on passe la tête, quand il est besoin de s'en servir comme d'un manteau ; et enfin le *sombrero jarano*, le large chapeau de feutre à bords ourlés d'un galon d'or ou d'argent, à forme molle cerclée, en guise de ruban, de la *toquilla*, grosse cordelière d'or ou d'argent aussi.

Le *sombrero* mexicain se porte en arrière, dégageant bien le front, et le dessous ainsi mis en évidence est souvent luxueusement brodé d'or ou d'argent. Son prix varie naturellement suivant le plus ou moins de richesse de l'ornementation. Les *sombreros* de 100 piastres ne sont pas rares; on m'en a montré de 500. Il y a quarante ans la forme était basse et ronde, les bords plats et rigides; aujourd'hui la forme est haute et pointue, et les bords, au lieu d'être plats et rigides, sont retroussés et mous comme la forme.

Le costume de *ranchero* s'harmonise à ravir avec le harnachement du cheval de selle, dont le cuir est également orné de broderies d'or ou d'argent. C'est pourquoi tous les Mexicains, ceux de la *gente decente* comme les autres, l'adoptent volontiers comme tenue de cheval, surtout en voyage; d'autant plus que, complété dans ce cas par les *chivarras*, ample pantalon sans fond, en peau de chèvre aux longs poils soyeux, protégeant le ventre et les jambes, il est parfaitement compris, et permet au cavalier de braver l'*aguacero*, l'averse journalière diluvienne de la saison des pluies.

Il fut maintes fois question, à Mexico, de certaines bandes de détrousseurs de grand chemin, à qui la richesse des broderies d'argent de leur costume et du harnachement de leurs superbes chevaux avait valu le nom de *Plateados*, « Argentés », et dont l'urbanité et la générosité relative, à l'égard des malheureux qu'ils dépouillaient, étaient à la hauteur de leur tenue irréprochable.

Les romanciers ont popularisé le *lazo* à boules de l'Amérique du sud, lequel *lazo*, lancé aux jambes du cheval sauvage, du *guanaco* ou de tout autre quadrupède, s'y entortille et fait tomber l'animal.

Le *lazo* mexicain, moins connu, est à la

fois plus simple et plus pratique. Ce n'est qu'une corde forte et souple, d'une dizaine de mètres de longueur, terminée à l'un des bouts par un œillet largement ouvert permettant d'y faire un nœud coulant, et à l'autre par un nœud ordinaire l'empêchant de glisser de la main.

Charro, ou jeune beau au brillant costume tout flambant neuf, paradant au *paseo* près de la voiture où sa *novia* se prélasse, *hacendado*, *ranchero*, en tournée dans leurs propriétés ou venus à la ville pour leurs affaires, *vaquero* préposé à la garde des innombrables troupeaux de chevaux, de mules et de bêtes à cornes de l'*hacienda* d'élevage, *de ganado*, *guerrillero* en campagne ou *ladron* en embuscade, tout cavalier mexicain a son *lazo*, au nœud coulant toujours prêt, accroché à la selle, dont le pommeau, en forme de disque, est solidement relié à l'arçon par une forte tige modelée en gorge. Et s'il lui faut laisser quelque temps son cheval sans gardien, à la porte d'une maison où il a à faire, ou en toute autre circonstance, il en déroule le bout et le laisse pendre et traîner un peu à terre en avant de sa monture. Intelligente et docile, celle-ci veut bien se prêter à ce naïf simulacre d'attache, et attend patiemment sans bouger le retour de son maître.

Pour détacher du troupeau en liberté, qui fuit devant lui, le sujet qu'il a en vue, le *vaquero* prend d'abord de la main gauche le *lazo* largement enroulé, et l'y tient librement suspendu entre le pouce et l'index, étreignant des trois autres doigts le bout sans œillet ensemble avec les rênes de son cheval. Saisissant ensuite le nœud coulant de la main droite non serrée, il se lance à la poursuite de la bête à atteindre en le faisant tournoyer au-dessus de sa tête et le laissant glisser et s'étaler en orbe de un à deux mètres et plus de diamètre, suivant qu'il le juge nécessaire. Arrivé à distance convenable, d'un mouvement de bras d'une suprême élégance, et avec une merveilleuse adresse, il projette dans la direction voulue le nœud coulant qui, la corde se déroulant en arrière à mesure, franchit tout ouvert l'espace et s'abat, entourant la tête et puis le cou du cheval ou de la mule, ou bien les cornes du taureau ou du bœuf qu'il s'agit d'attraper.

A l'instant précis où le lacet touche au but visé, le *vaquero* enroule rapidement l'autre bout de la corde à la gorge du pommeau de la selle pour l'y fixer, et son cheval, admirablement dressé à cet exercice, se jette brusquement de côté, s'affermit solidement sur les jarrets pour tendre la corde et serrer le nœud coulant, et entraîne enfin l'animal capturé, qu'abandonne promptement toute velléité de résistance.

Si l'on a affaire à un taureau rétif ou dangereux, un second *vaquero* cingle, de son *lazo* adroitement envoyé près de terre, l'une des jambes de derrière du récalcitrant, la dépasse avec le brin antérieur du nœud coulant qui va rasant le sol sous le pied aussitôt levé, et, manœuvrant bien vite comme l'a fait le premier *vaquero*, mais du côté opposé, serre le nœud autour du membre embrassé. Et le taureau, tenu en respect par deux forces agissant en couple, est désormais à l'entière discrétion des deux bouviers qui l'emmènent où ils veulent, ou ont vite fait, si besoin est, de le culbuter par une brusque traction exercée simultanément sur les deux cordes.

Le *lazo* est une arme redoutable aux mains des *guerrilleros* et des détrousseurs de grand chemin. L'ennemi, ou le voyageur inoffensif, surpris à portée, se sent à l'improviste happé par le lacet implacable et, mis dans l'impossibilité de se servir de ses bras soudain serrés au corps, est rapidement traîné dans la brousse. Des *guerrilleros*, le prisonnier n'a pas plus à attendre de merci qu'on ne leur en octroie d'ordinaire à eux-mêmes; il est aussitôt pendu à l'arbre le plus proche. Avec le *ladron*, le voyageur s'en tire moyennant rançon.

Des essais ont été faits, au cours de l'expédition française, pour apprendre à nos cavaliers, et particulièrement à ceux du train des équipages, le maniement du *lazo*. Infructueux ou trop vite abandonnés, ils sont demeurés stériles, et il est vraiment dommage que l'on n'ait pas su ou voulu importer en France l'usage d'un engin si utile et si peu coûteux. Quel officier n'a souffert du grotesque spectacle qu'offre la grande cour d'un quartier de cavalerie ou d'artillerie, où gambade, échappé, quelque bon gros lourdaud de cheval? Le nez au vent, la queue raide, presque beau en des allures relevées qu'on ne lui connaissait pas, le malicieux quadrupède se joue des maladroites manœuvres des gardes d'écurie mis à ses trousses, et, quand il en a assez, rentre de lui-même à l'écurie, ne trouvant pas le plaisir qu'il s'est donné trop payé de la bonne et secrète raclée, que lui réserve le garde d'écurie à qui il a fait encourir une punition. Le *lazo* l'eût rattrapé à moins de cinquante pas de son écurie.

L'habileté des Mexicains à se servir du *lazo* leur permet de donner plus d'attrait aux courses de taureaux. Leurs *cuadrillas* comprennent, en sus du personnel habituel d'*espadas*, de *picadores* et de *banderilleros* des *cuadrillas* espagnoles, un comique, le *loco* ou *gracioso*, *banderillero* émérite d'ordinaire, qui agrémente son jeu de poses gracieuses ou grotesques et de compliments en vers débités aux belles *señoritas*, et deux cavaliers, les *caballeros en plaza*, *rancheros* richement vêtus et supérieurement montés. Ces derniers, dont toute la fonction consiste à se servir, quand besoin est, de leur *lazo*, restent tout le temps de la course sur la *plaza*, faisant valoir leur talent d'écuyers consommés, quand le taureau, s'avisant de s'en prendre à eux, les oblige à manier dextrement leurs montures pour esquiver ses atteintes.

Lorsque la foule, mécontente d'un taureau, réclame, aux cris de « *fuera! fuera! otro? otro?* » son remplacement par un autre, ou criant : « *el loco? el loco?* » demande qu'on humilie et excite, comme il va être dit, la bête qui se prête mal à la pose des *banderillas*, les deux cavaliers, sur un signe d'assentiment du président de la *corrida*, saisissent de leur *lazo* le taureau, l'un par les cornes, l'autre par un pied de derrière. Dans le premier cas ils l'emmènent hors de l'enceinte, et on en lâche un autre. Dans le second cas ils le culbutent, une corde lui est passée autour du corps, et le *loco* se met dessus à califourchon, se tenant des deux mains à cette sangle improvisée. On rend alors la liberté à la bête, qui se relève furieuse, et se démène en vain pour se débarrasser du cavalier qu'on lui a imposé; et le jeu des *banderillas* continue.

Les *caballeros en plaza* sont naturellement

choisis parmi les *rancheros* les plus experts à manier le *lazo*, et exécutent parfois de vrais prodiges d'adresse. J'ai vu lâcher, au centre de la *plaza de toros* de Mexico, deux chats qui, effrayés, prirent aussitôt la fuite. En quelques secondes les *caballeros* les atteignirent du nœud de leur *lazo* jeté avec une surprenante précision, et les enlevèrent de terre, étranglés, aux applaudissements frénétiques de tous les spectateurs.

Avec la bête peureuse et fuyarde, le *caballero* trouve encore à exercer son adresse d'une autre façon également inconnue sur les *plazas* européennes. Sans recours au *lazo* cette fois, il poursuit le taureau qui, la queue tendue, détale devant lui, se penche, saisit la queue de la main droite, où il l'entortille une ou deux fois, et, la serrant fortement contre le panneau de la selle avec la jambe droite passée par-dessus, tourne vivement à gauche et imprime ainsi au taureau une secousse violente qui lui fait perdre l'équilibre et l'étend à terre tout de son long. Cela s'appelle « *colear el toro* ». A l'égal de l'usage du *lazo*, cet exercice est en grande vogue au Mexique, où je l'ai vu pratiquer, non seulement aux courses de taureaux, mais encore dans la campagne. Et il en est de même d'un autre divertissement appelé « *barbear el becerro*, prendre le menton au veau », lequel consiste à aborder résolument à pied le taureau, à lui saisir le museau d'une main et l'oreille droite de l'autre, et à le renverser en lui tordant le cou d'un brusque et énergique effort.

La mise à la disposition des *aficionados,* ou amateurs, d'un *toro embolado,* taureau renvoyé comme insuffisant dont on a moucheté les cornes au moyen de grosses boules ou de pelotes, est la fin obligée de toute *corrida* mexicaine. C'est par centaines que les gens du bas peuple envahissent alors l'arène. Provoqué de tous côtés par les hardis *leperos* qui le harcèlent à l'envi, jouant de leurs *zarapes* comme les *toreros* de leurs capes, l'inoffensif ruminant ne sait à qui s'en prendre et détache à tort et à travers de furieux coups de tête. Au milieu de cette multitude grouillante, d'où l'on voit jaillir çà et là les corps lancés en l'air de ceux qu'il atteint, son aburissement augmente et ses forces s'en vont. Les assaillants le pressent, le saisissent et, comme en une apothéose, c'est à la fin une pyramide de corps humains, aux haillons pittoresques, s'agitant en délire au-dessus du taureau terrassé et disparu sous leur amoncellement.

C'est au Mexique que j'ai assisté pour la première fois à des courses de taureaux. Elles y sont restées ce qu'elles étaient à l'origine, la fidèle image de ce qui se passe journellement dans les vastes pâturages des *haciendas* d'élevage. Le *picador* y fait, sans plus, pour l'agrément des spectateurs, ce que pratique couramment le *vaquero* à qui une pique, un simple aiguillon suffit pour défendre et lui-même et son cheval des atteintes du *toro bravo*, du taureau indompté. Comme le *vaquero*, le *picador* tient sa pique assez longue pour que son aide lui soit efficace. Il touche au défaut de l'épaule droite, d'un coup vigoureusement asséné, la bête furieuse qui l'assaille, et celle-ci, quand elle est piquée au bon endroit, s'arrête court, pivote autour de la pointe qui la blesse, et s'enfuit. Cette parade vaut au *picador* les chaleureux bravos et applaudissements de la foule, qui les décerne d'ailleurs, plus frénétiques encore, au taureau lui-même, quand celui-ci, soit par la maladresse du *picador*, soit par un excès de fougue à quoi rien ne résiste, fonce sur la pique et, atteignant le cheval et l'homme, soulève le tout de sa tête puissante et l'envoie rouler cul par-dessus tête, le cheval éventré et pitoyable, l'homme ridiculement étalé en son épais matelassement de jambes qui le met dans l'impossibilité de se relever tout seul.

En Espagne à Saint-Sébastien, et en France même à Bayonne, j'ai constaté, non sans dégoût, que ce dernier et répugnant spectacle est servi de préférence à la foule qui, dans son avidité instinctive d'émotions malsaines, l'exige au besoin du *picador* trop prudent à son gré, en lui criant : « *Mas corta! Mas corta la pica!* La pique plus courte! » On en est même venu à chiffrer le succès d'une *corrida* par le nombre des chevaux dont les tripes ont été ainsi mises à l'air! Pouah!

De même il m'a paru que l'on ne procède pas au Mexique comme en Europe pour tuer le taureau. Ici le *matador* vise l'épine dorsale à la *cruz*, au point de croisement avec la ligne des épaules, l'épée y pénètre difficilement, les ratés sont fréquents, et l'agonie de la bête longue. La manière usitée au Mexique est moins cruelle : on y vise le défaut de l'épaule droite, où l'épée s'enfonce sans difficulté jusqu'à la garde. Dirigée obliquement de gauche à droite et de haut en bas, la pointe de l'arme touche au cœur, et le taureau tombé à genoux, la langue pendante, meurt presque instantanément aux pieds de son vainqueur qui, le coup donné, n'a pas reculé d'une semelle.

Qui ne se souvient des vives polémiques..., mieux que cela, des discussions parlementaires auxquelles a donné lieu, il y a quelques années, l'introduction en France des courses de taureaux ? La victoire est restée à leurs partisans, et il n'est, pour ainsi dire, plus de ville tant soit peu importante du midi de la France qui n'ait sa *plaza de toros*, et n'annonce chaque année, en de mirifiques affiches polychromes, de somptueuses *corridas*, avec les premiers *espadas* de la Péninsule et des *toros* des *ganaderías* espagnoles les plus renommées. C'est un engoûment momentané, une mode qui passera comme passent toutes les modes. Nous n'avons en vérité que faire, en France, d'un divertissement où tout, bêtes, gens, jargon spécial, et jusqu'à l'empanachement multicolore du fringant attelage de mules qui tire rapidement dehors la bête morte, doit être emprunté à la nation voisine.

Et encore nous manquera-t-il toujours ce qui donne un cachet si particulier aux *corridas* d'Espagne, les mantilles blanches, les hauts peignes d'écaille, les écharpes de crêpe de Chine aux longues franges soyeuses, et les belles roses rouges ou jaunes piquées dans les cheveux et au corsage des brunes et piquantes *señoritas* garnissant toutes les loges. Les *señoritas*, nous les avons : elles viennent en grand nombre tous les ans à Biarritz. Mais, hélas ! c'est seulement en « costume tailleur » et « chapeau canotier » qu'elles daignent se montrer à nos *corridas* de Bayonne.

Sur la proposition de mes chefs, le maréchal commandant le corps expéditionnaire me faisait, le 15 août, chevalier de la Légion d'honneur, et rehaussait singulièrement à mes yeux la distinction qui m'était conférée, en me qualifiant (1) « l'un des officiers qui ont servi le plus activement et le plus utilement au

(1) *Journal militaire*, 2e sem., 1866, p. 178.

Mexique ». On me pardonnera de ne pas savoir taire la satisfaction que j'éprouvai à voir ainsi officiellement constatée la bonne volonté dont j'avais, me semblait-il, donné d'assez nombreuses preuves, et qui, jointe à une constante égalité d'humeur et à une santé de fer, m'avait valu, cela me fut dit, d'être désigné maintes fois hors tour pour des missions que d'autres, moins dispos sans doute, ne paraissaient pas devoir accepter d'aussi bonne grâce.

Près de deux ans avant, à la suite de la marche de la 1re division sur Saltillo et Monterey, l'empereur Maximilien m'avait nommé chevalier de Guadalupe (18 novembre 1864). Je conserve précieusement, à l'égal d'une relique, l'insigne en vermeil de cette décoration, don direct de l'impératrice Charlotte. La jeune et charmante souveraine, amie des Français, Française elle-même de cœur autant que d'origine, avait eu la délicate attention de prendre à sa charge la fourniture des croix de l'ordre destinées à notre armée, et en soldait l'achat sur sa cassette.

§ 15. — *De Mexico à Vera-Cruz et à Saint-Nazaire.*

L'alcade d'Aculcingo. — L'empereur Maximilien. — Le P. Fischer. — L'abbé Lanusse. — Rentrée en France.

J'arrivais au terme de ma campagne.

Le 10 septembre, les camarades que je laissais à Mexico me faisaient un bout de conduite. Je prenais le chemin de Vera-Cruz ; mais, on m'en avait prévenu, je ne devais pas y arriver de si tôt, et j'allais ajouter vingt nouvelles étapes et 128 lieues de parcours à mes pérégrinations.

Ce fut d'abord à la quatrième étape, à Puente Tezmelucan, un arrêt d'un jour, le 14 septembre, pour étudier et tracer une tête de pont; puis un autre de même durée à la onzième, à La Cañada, le 21, pour établir un projet de réduit; et encore, après une station de plus de trois semaines à Orizaba où j'étais arrivé le

23 septembre, un retour en arrière à ce même poste de La Cañada, où je rentrai le 18 octobre après deux jours de route, et d'où je repartis le 4 novembre, y laissant organisé le réduit dont j'avais rédigé le projet.

A mon passage à Aculcingo, au pied des grandes Cumbres, le 22 septembre, je fus logé à la maison commune de ce *pueblo de Inios* (1)*d* dans une grande pièce pauvrement garnie d'une table, d'une chaise en bois et de quelques bancs, et servant de prétoire à l'alcade, seule autorité judiciaire et municipale à la fois de l'endroit. Installé dans un coin, je

(1) Ce n'est qu'incidemment que de-ci de-là, au cours de mon récit, j'ai fait quelque allusion à la triste condition sociale des Mexicains indigènes qui, dépouillés du sol à l'exception de quelques chefs d'illustre origine à qui des parts furent réservées en récompense de services rendus aux Espagnols, furent après la conquête, et sont généralement restés depuis lors, relégués dans certains faubourgs ou dans la banlieue des villes, et dans des villages appelés *pueblos de Indios*, ou réduits à l'état de servage comme ouvriers des mines ou cultivateurs, *peones*, des grandes haciendas.

Je m'étends davantage sur cet intéressant sujet au 4ᵉ paragraphe de l'appendice.

constituai à moi seul le public d'une courte, mais bien suggestive audience.

Par-devant l'alcade-juge assis à la table, sa canne d'ébène à bouts d'argent, insigne de ses fonctions, posée dessus en travers, comparurent deux Indiens qui avaient à se partager la succession d'un de leurs proches. L'affaire était on ne peut plus simple. Ils étaient parents au même degré, frères ou cousins du défunt, et il s'agissait de leur répartir une somme rondelette, 40 à 50 piastres, qu'ils apportaient et déposèrent sur la table en une belle pile de pièces bien sonnantes.

Le juge, indien lui-même, entendit les dires de l'un, puis de l'autre, et rendit, exécuta plutôt incontinent sa sentence. Il n'avait ni greffier pour l'assister, ni papier, ni plume, ni encre pour écrire, et n'en avait nul besoin. Il ne savait du reste, je pense, ni lire ni écrire.

Prenant au haut de la pile le tiers des piastres :

— « Voici ta part », dit-il à l'une des parties en les lui remettant.

— « Voilà la tienne », dit-il de même à l'autre, en lui donnant le deuxième tiers.

— « Et ceci pour les frais, *esto para los gastos* », termina-t-il en raflant le reste d'un revers de main.

L'audience levée, et nos deux Indiens partis :

— « Eh bien, *Señor capitan,* qu'en dites-vous? Ai-je bien jugé? » me demanda le malin magistrat.

— « Parfaitement, *Señor alcalde*. Plus avisé que le roi Salomon qui ne faisait que deux parts de l'objet du litige, vous l'avez divisé en trois. »

Je me gardai bien de lui dire qu'en France c'est souvent mieux : Tout pour les frais, *todo para los gastos*.

Du 22 octobre au 3 novembre je remplis à La Cañada les fonctions de commandant supérieur. J'eus, en cette qualité, à rendre les honneurs militaires à l'empereur Maximilien qui, allant à Orizaba attendre le moment favorable pour quitter le Mexique, s'arrêta à ce pauvre *pueblo* et y coucha. Le colonel de Potier, du 81ᵉ de ligne, commandant la circonscription d'Orizaba, de qui je dépendais, vint l'y recevoir.

Ma petite garnison, une compagnie d'infanterie comptant au plus quatre-vingts hommes, fit la haie sur le parcours de deux courtes rues en équerre, menant de l'entrée du village au presbytère où l'auguste voyageur devait loger. Le colonel et moi, nous nous avançâmes jusqu'à une demi-lieue, et l'Empereur fit son entrée dans son confortable coupé attelé de deux jolies mules blanches, le colonel à la portière de droite et moi à celle de gauche. Sa Majesté, que je voyais de près pour la première fois, ne m'adressa que quelques mots de pure courtoisie au moment où je lui fus présenté par le colonel, et j'eus après tout le loisir de fixer ses traits dans ma mémoire.

L'unique tambour de la compagnie d'infanterie, après avoir battu aux champs à l'entrée, prit rapidement la traverse, et se trouva à l'autre bout de la haie assez à temps pour y rendre les mêmes honneurs à l'Empereur descendant de voiture.

Le coupé impérial était suivi d'un autre véhicule portant le ministre de la maison de l'Empereur, don Luis Arroyo, son médecin le docteur Basch, et son chapelain le père Fischer, curé de Parras. Puis venait l'escorte composée de trois escadrons de hussards autrichiens.

Il n'y avait au presbytère inhabité, et à peu de choses près démeublé, que deux chambres. Sa Majesté occupa l'une, sa suite l'autre; et c'est dans celle-ci que le ministre nous donna un singulier dîner où, à côté de la somptueuse vaisselle plate marquée aux armes de l'Empereur, figuraient misérablement, à défaut de chandeliers, oubliés sans doute, et de bougies dont on manquait, quatre bouteilles porteuses de fumeuses chandelles fichées en leurs goulots. Et pendant ce festin peu animé ma pensée allait au souverain désabusé, triste, souffrant, qui se morfondait dans la pièce voisine dont une simple porte nous séparait.

Agacé par les manières hautaines que le père Fischer affectait vis-à-vis du colonel de Potier et de moi, je mis la conversation sur sa paroisse de Parras, et lui demandai à brûle-pourpoint des nouvelles de doña Mina : il coupa court bien vite, et se tint coi désormais. Et j'explique qu'à mon passage à Parras, en octobre 1864, j'avais logé dans la maison de ce peu recommandable personnage, déjà parti alors pour aller chercher fortune auprès de Maximilien. J'y fus hébergé par une certaine Suissesse, dame Wilhelmine, doña Mina pour les Mexicains, qui y tenait école et dont les enfants, quatre ou cinq galopins mal élevés, se fourraient constamment dans mes jambes. Fischer était, me dit-on, un protestant allemand venu au Mexique, avec dame Wilhelmine, vingt ans avant, une sorte d'aventurier qui, n'ayant pas réussi comme chercheur d'or, se convertit au catholicisme, se fit prêtre et devint curé de Parras. Il capta la confiance de Maximilien, fut vers la fin son secrétaire particulier, et se garda bien de l'accompagner à Queretaro.

Combien il m'est plus agréable de me remémorer un autre repas pris, quelques jours plus tard ou plus tôt, je ne sais plus, au même *pueblo* de La Cañada!

L'abbé Lanusse, le vaillant aumônier militaire connu et aimé de toute l'armée, et que je n'avais encore jamais rencontré, vint à passer, accompagnant un fort détachement d'hommes de troupe qui se rendaient à Orizaba, pour être de là dirigés en temps opportun sur Vera-Cruz et rapatriés. L'excellent prêtre venait de faire, toujours à pied au milieu des soldats selon sa coutume, une étape longue et fatigante, et je le trouvai, blanc de poussière, attendant patiemment dans la rue que son ordonnance pût s'occuper de lui et de son installation au gîte. Employant à dessein l'expression familière en usage dans son pays et dans le mien, bien proches l'un de l'autre (il était du Lot-et-Garonne et je suis du Gers), je l'invitai à venir « manger la soupe » chez moi.

A l'heure convenue, le sympathique aumônier s'attablait, avec un sous-lieutenant du génie (1) mon commensal et moi, devant un savoureux potage gras. Dès les premières cuillerées, il ne put retenir ce cri, je ne dirai pas du cœur, le terme serait impropre, ce cri de l'estomac : « C'est bon, la soupe ! » Il n'en avait pas mangé depuis plus de trois mois. Puis ce fut le bouilli de bœuf, une volaille rôtie et quelques fruits du pays, qui composèrent mon substantiel menu de famille, le tout arrosé de bon vin de nos pays, que la proximité de Vera-Cruz permettait de se procurer sans trop de difficulté, et servi dans du

---

(1) Sous-lieutenant Bourgeois (Paul-Adolphe), aujourd'hui chef de bataillon en retraite.

fer battu remplaçant chez moi la vaisselle plate de l'empereur du Mexique...

Trente-trois ans après, le 15 octobre 1899, à Pau, à l'occasion de l'inauguration de la statue du général Bourbaki, je revoyais, pour la première fois depuis lors, mon convive inoublié, et, non sans émotion, je rappelais à Mgr Lanusse, l'ingambe octogénaire aumônier à l'École spéciale militaire de Saint-Cyr, la réconfortante soupe du petit capitaine du génie de La Cañada. Et, comme je le félicitais de son inaltérable santé et de sa vigueur :

— « Je viens de faire les grandes manœuvres, mon fils », me dit-il.

C'est ainsi qu'après s'être consacré dix mois de l'année à ses chers saint-cyriens, le vénérable prélat allait, aux vacances, se reposer à sa manière au milieu des troupiers, ses anciennes ouailles toujours préférées (1).

(1) Né à Tonneins le 2 janvier 1818, Mgr Lanusse est décédé à Saint-Cyr le 23 octobre 1905.

Redescendu en deux jours (4 et 5 novembre) de La Cañada à Orizaba, je recevais enfin, un mois après, l'ordre de rentrer en France. Je me mettais en route pour Vera-Cruz le 9 décembre; le 11 j'étais à Paso del Macho, et le 12 je faisais en chemin de fer, comme j'y avais fait la première, ma trois cent huitième et dernière étape sur le territoire mexicain.

Je prenais passage, le 13 décembre 1866, à bord du paquebot de la Compagnie transatlantique *le Panama*, qui levait l'ancre le lendemain. Après une traversée coupée d'une relâche de deux jours (17 et 18 décembre) à la Havane, et d'une autre de même durée (23 et 24) à Saint-Thomas, et accidentée de deux furieuses tempêtes essuyées en plein océan, la première les 25 et 26 décembre, la seconde les 2 et 3 janvier, je mettais enfin, le 9 janvier 1867, à Saint-Nazaire, le pied sur l'appontement de la Compagnie, où je me jetais dans les bras de mon père qui était venu m'y attendre.

§ 16. — *La maison militaire du jeune capitaine.*

Ordonnances, muletier, chevaux, mulet. — Tenue de campagne. — Installation au camp. — Les *coyotes* de San-Salvador. — Utilité de l'épacte. — Les popotes d'officiers au Mexique.

Et maintenant le vieux colonel retraité d'aujourd'hui va présenter au lecteur la maison militaire du jeune capitaine d'alors. Il lui est doux de faire une petite place, dans ces souvenirs épars des quatre plus belles années de sa vie, à ses deux ordonnances Bernard et Saby, à son muletier Guénon, à ses trois chevaux mexicains bizarrement baptisés « Louis, Fritz et Coco » par le bon Bernard, et à leur humble camarade et malicieux ami, mexicain aussi, le « Bourru », le petit ministre (1), le petit mulet de bât, robuste porteur au pied sûr des lourdes cantines bardées de fer, de la tente et

---

(1) Nos muletiers appelaient « ministres » les mulets porteurs de matériel de guerre, « chargés des affaires de l'État », et, par extension, donnaient le même nom aux mulets à bagages.

d'une montagne d'accessoires divers. Bêtes et gens l'ont suivi jusqu'au dernier jour, sans défaillance, en ses pérégrinations souvent fort pénibles de près de 1,900 lieues, et aux unes comme aux autres ce témoignage de sa gratitude est bien dû.

Préposé des douanes à la frontière belge, à Dunkerque, avant d'entrer au service, Bernard (Léon) me fut attribué comme ordonnance six mois après son incorporation au 1er régiment du génie, et il était avec moi depuis plus de deux ans quand, n'ayant plus que trois mois à passer dans le grade de lieutenant, je fus désigné pour le Mexique. Sa résolution fut prompte; il voulut m'accompagner, renonçant du coup aux galons de caporal, qu'il allait obtenir sous peu, et au grade de sous-officier que, intelligent et instruit comme il l'était, il aurait certainement atteint plus tard.

Bon cavalier, aimant et soignant bien les

chevaux, exact en tout, sobre, rangé, il était plein d'attentions pour moi, et veillait avec sollicitude au bon entretien de tout mon bagage, tenant notamment le harnachement en si parfait état, qu'aucun de mes trois chevaux n'eut jamais de ces blessures du dos si fréquentes chez les animaux de selle à qui sont imposées des étapes longues et très multipliées. Quand je dis « aucun », je me trompe. Coco fut blessé une fois, mais moi seul en fus cause : je l'avais prêté, et il me fut rendu au bout de trois jours avec une belle plaie au garrot. Cela me valut, de la part de Bernard, une sévère remontrance que je reçus humblement, et philosophiquement aussi, lui répondant :

« Vous avez raison, Bernard. Si je n'avais pas prêté Coco, il n'aurait pas été blessé. Soignez-le maintenant de votre mieux, et guérissez-le bien vite pour que, à la première occasion, nous puissions encore tirer d'embarras quelque camarade démonté par la faute de son ordonnance moins soigneux que vous. »

Et, bien que bougonnant, le brave garçon pensait exactement comme moi.

Il me donna, en maintes circonstances, des preuves d'attachement dont furent singulièrement touchés des camarades moins bien partagés que moi sous ce rapport, et il est pour beaucoup dans la satisfaction que j'avais d'être toujours bien portant, dispos, prêt à aller d'humeur joyeuse partout où mes chefs jugeaient utile de m'envoyer (1).

Saby, mon second ordonnance, devint l'utile auxiliaire de Bernard, lorsque, promu capitaine et classé à l'état-major, je pris le troisième cheval auquel ma nouvelle situation

(1) Rapatrié le 13 février 1867, cet excellent serviteur fut aussitôt libéré du service militaire et reprit, le 1ᵉʳ mars suivant, son poste dans l'administration des douanes, à Dunkerque. Il est décédé le 13 avril 1900, à l'âge de soixante et un ans, préposé des douanes en retraite, employé à la société du gaz de Wazemmes-Lille. Après l'avoir longtemps perdu de vue, j'étais rentré en relations avec lui en 1890, et j'en recevais régulièrement depuis lors des lettres où il me témoignait, en très bons termes, la sincère affection qu'il m'avait vouée et que je lui rendais bien.

me donnait droit (1). Docile et ponctuel, se connaissant un peu en cuisine, il fut pour moi une ressource des plus précieuses les rares fois où, isolé quelque part, je dus pourvoir par mes seuls moyens à la préparation de mes repas. Je me souviens encore de certaine blanquette de poulet qu'il réussissait à merveille à Churubusco.

Guénon, le muletier, faisait bon ménage avec son mulet, qu'il avait dénommé « le Bourru », un peu peut-être par similitude de caractère, plutôt, je pense, parce que la petite taille et les oreilles démesurées de l'animal le faisaient facilement prendre pour un bourricot, un *burro*. De nature plus rude que ses deux camarades, il n'en était pas moins, comme

---

(1) Les lieutenants étaient pourvus de deux chevaux à titre gratuit. Les capitaines de l'état-major recevaient une première monture à titre gratuit, une seconde à titre onéreux, et une troisième à titre gratuit encore. La troisième ne leur était attribuée qu'après qu'ils avaient justifié de la possession de la seconde.

eux, un serviteur fidèle, accomplissant avec le plus entier dévouement sa tâche obscure, que la traversée de gués difficiles ou de périlleux passages de montagne rendait parfois aussi méritoire que pénible.

Fritz, ma première monture, me fut attribué, le jour même de mon débarquement, par le comité de remonte de Vera-Cruz, à qui le colonel Dupin, commandant de la contre-guerrilla française, l'avait rétrocédé quatre jours avant, sans doute à cause du défaut que je signale ci-après. Il devint ma propriété quatre mois plus tard, moyennant versement au trésor du prix d'achat (100 piastres). Il était défini ainsi par son état signalétique que j'ai retrouvé : « cheval âgé de sept ans, de 1ᵐ35 de taille, bai très clair, rouanné aux fesses, en-tête prolongé par du ladre entre et dans les naseaux et aux lèvres; trois balzanes dont une antérieure droite ». L'œil ardent, plein d'action, bon trotteur, un peu ensellé, ce qui le déparait, mais rachetant ce vice de conformation par la qualité qui y correspond d'ordinaire, c'est-à-dire par la douceur exceptionnelle de ses réactions, c'était une monture agréable qui n'eût rien laissé à désirer, si je ne sais quel accident antérieur ne l'eût affecté d'une peur effroyable de tout véhicule en marche. Docile et franc d'ailleurs, il approchait sans difficulté de l'objet de sa terreur, mais se tourmentait et se mettait en nage si, dans le vain espoir de l'y habituer, on s'obstinait à le tenir tout près.

Coco, cheval bai cerise, pris dix jours plus tard à Orizaba, était plus petit que Fritz. Sa taille était, s'il m'en souvient bien, de 1^{m}28 seulement, et il avait neuf ans. L'œil doux, c'était la bonté même, un véritable agneau pour le caractère. Très résistant malgré cela, marchant d'un bon pas sans qu'on eût à le pousser, mais médiocre trotteur, il fut mon haut-le-pied, mon cheval de repos que je

montais parfois, dans les premiers temps,
pour me changer de l'agitation un peu en-
nuyeuse à la longue de Fritz.

Louis, enfin, cheval isabelle de six ans, de
1^{m}40 environ de taille, me fut donné comme
troisième monture, le 8 ou le 9 janvier 1864,
par le comité de remonte de Guadalajara, qui
l'acheta à mon choix parmi un grand nombre
de chevaux présentés. C'était un assez joli
poney qui se révéla marcheur et trotteur
exceptionnel, dès que j'eus réussi, au bout de
quelques étapes, à le remettre sur ses aplombs
notablement dérangés par les violents arrêts
instantanés qu'à la mode mexicaine on lui
avait sans doute fait subir antérieurement.
J'en fis aussitôt, et il resta jusqu'à la fin de la
campagne, ma monture préférée, mon cheval
de guerre. Il eut, lui le dernier venu, immédiatement conscience de sa supériorité, et sut
l'imposer. Je l'avais depuis quelques jours à
peine que Fritz, Coco, et le Bourru lui-même

le suivaient déjà comme des chiens fidèles, quand Bernard monté dessus allait devant pour mener la petite troupe à l'abreuvoir. Il eût été plus commode que lui-même consentît à suivre, dans les mêmes conditions, Fritz devenu la monture habituelle de Bernard : il s'y refusa, et nous n'insistâmes pas.

Et du Bourru, de mon mulet mignon au pelage roussâtre, dont j'ai signalé la solidité et l'endurance, que dirai-je encore? Que c'était le plus malin de la bande, sachant fort bien, à la corde, attirer à lui le brin de *zacate* le plus tendre que son voisin, le débonnaire Coco, lui abandonnait bénévolement, lui poussait même du museau; et qu'il avait toujours quelque bon tour à jouer aux autres, quelque coup de dent à leur servir, geignant bien vite d'ailleurs s'ils faisaient mine de le lui rendre. Prudemment il s'attaquait de préférence à son deuxième voisin, ou même au plus éloigné qu'il atteignait en se glissant sous le cou ou entre les jambes du premier ou des deux premiers, et se garantissait ainsi contre de justes représailles.

Ma jeune sœur, la correspondante assidue qui veilla avec la plus affectueuse sollicitude à ce que chaque courrier de quinzaine m'apportât des nouvelles de France, et qui sut si bien répondre à un désir non exprimé, en collectionnant, pour me les rendre plus tard, mes lettres adressées tour à tour à elle-même, à mon père ou à l'un de mes frères, ma jeune sœur m'écrivit : « Tout ce que tu nous racontes de tes voyages est on ne peut plus intéressant, mais il y manque pour moi quelque chose : *je ne te vois pas*. Dis-moi donc comment tu es, décris-moi ton costume, détaille-moi ton installation dans ces camps où tu couches sous la tente, parle-moi de tes chevaux, de la façon dont tu es servi, dont tu te nourris, et je pourrai alors te suivre *presque du regard*. »

Et je lui dis ce qu'on vient de lire, et je lui

dépeignis ensuite son frère chaussé de bottes à l'écuyère haut montantes, où s'engageait une culotte de peau de chèvre, teinte en noir bleuté et garnie de la double bande rouge de l'arme du génie ; le cou, débarrassé du col-carcan, à l'aise dans une cravate lâchement nouée ; la tunique, ou le plus souvent, en route, une ample vareuse à boutons d'uniforme et galons de grade aux manches, ouverte sur le gilet à petits boutons dorés ; à la taille, les trois tours et demi (1) de la ceinture en laine bleue des zouaves, le meilleur des préservatifs contre les refroidissements et les dérangements de nature diverse qui en sont la conséquence, et sur la ceinture le ceinturon soutenant de ses bélières l'épée à fourreau d'acier ; et enfin, suivant l'exemple donné par le commandant en chef lui-même, posé en arrière à la mexicaine et

(1) Le lecteur s'étonnera peut-être de me voir préciser ainsi le nombre de tours de ma ceinture. J'ai encore cette ceinture et mon ceinturon d'alors : la première est longue de 3 mètres et le second m'a gardé la mesure, 0^{m}83, de ma taille qui a épaissi depuis.

laissant le front bien dégagé, le large *sombrero* de feutre gris, à bords ourlés d'un étroit galon d'argent, à forme cerclée au bas d'une modeste *toquilla* de même métal, lequel *sombrero* était rejeté dans le dos, où il pendait, quand, pour les entrées sensationnelles dans les villes importantes, le képi devait reprendre sa place.

Puis vint le tour de mon installation au camp. La tente « bonnet de police » en forte toile, que m'avait fournie à Vera-Cruz le service du campement, était incommode à cause de son exiguïté : on ne pouvait s'y tenir droit sur ses pieds, et la plus modeste des couchettes s'y casait difficilement. Dès l'arrivée à Mexico, il y fut ajouté au bas, en prolongement de ses quatre pans inclinés, de larges bandes de toile à voiles qui l'exhaussèrent de 0^m50 et la rendirent plus spacieuse, et elle fut garnie en outre d'une bonne doublure de toile fine. Ainsi agrandie et améliorée, fixée au sol par quatre piquets d'angle en fer et quatre autres intermédiaires en bois, et dressée sur une tringle faîtière de 1^{m}20 que soutenaient en son milieu, où une douille de cuivre bifurquée en recevait les bouts, deux tringles-supports inclinées à la pente des deux grands pans latéraux trapéziformes, ce fut un confortable abri couvrant un rectangle de 2^{m}70 sur 2 mètres, et haut de 2^{m}10 sous faîtage, où, de taille moyenne moi-même, je pouvais me remuer à l'aise tout debout.

On y entrait par l'un des petits pans triangulaires de pignon, divisé à cet effet du haut en bas, par une fente médiane, en deux parties qui se levaient comme des rideaux, et qui, fermées, étaient attachées toutes deux par le bas au piquet en bois correspondant, et de plus boutonnées l'une sur l'autre de distance en distance.

A l'intérieur, sur un grand côté dont il occupait toute la longueur, le lit était monté. Disposées parallèlement à 1^{m}80 l'une de l'autre, les deux cantines soutenaient à 0^{m}40 au-dessus du sol, au moyen de crochets latéraux mobiles, deux barres, de 2^{m}20 de longueur, qui les emboîtaient et dont elles assuraient l'écartement. Une gaine en toile à voiles entourait l'ensemble des deux barres d'une cantine à l'autre et, fortement tendue, constituait un véritable sommier.

En guise de matelas, j'avais un sac fait de peaux de mouton, la toison en dedans, et s'ouvrant à un bout comme un portefeuille. Bernard me l'avait confectionné sur le modèle de celui dont, suivant son expression, il se servait « en douane », quand il devait coucher à la belle étoile en embuscade. Et par les nuits trop froides, aux plus hautes altitudes, il m'arriva de m'y fourrer dedans... avec les puces.

Une paire de petits draps et deux couvertures de laine de fabrication mexicaine complétaient ce système de couchage bien connu de tous les officiers qui ont fait campagne, ce « lit de cantines » où, soit logé, soit campé, je couchai constamment, sauf à Mexico où j'eus des lits européens, et à Durango où je fis l'essai de la *tarima*, simple estrade en planches, et du mince *colchon*, du matelas mexicain rembourré de noyaux de pêche, à la dureté duquel, après quelques nuits pénibles, je m'habituai.

Pour plus de commodité d'empaquetage et de transport, chaque barre de lit, comme aussi chaque tringle-support de la tente, était en deux morceaux de même longueur que la tringle faîtière et s'ajustant bout à bout par le moyen d'une douille.

Sous la tente trouvaient encore aisément place un tabouret pliant et une petite table en bois blanc, à double support en X et dessus mobile formé de deux planchettes se repliant à charnière l'une sur l'autre; sur la table l'humble bougeoir garni le plus souvent, hélas! de puantes chandelles à défaut de bougies; et en ordre à terre, dans un coin, le harnachement de mon cheval.

Au matin, pour partir, en un quart d'heure à peine la tente était abattue et serrée, avec la literie et les pièces de montage, en un rouleau de 1m20 de long et de grosseur raisonnable, lequel rouleau bien ficelé était chargé sur le bât du mulet au-dessus des cantines accrochées de part et d'autre.

A quelques pas de ma tente, les deux ordonnances et le muletier dressaient leur modeste tente-abri (1); et en avant de celle-ci, à une forte corde tendue au ras du sol entre deux piquets, les chevaux et le mulet étaient attachés par un pied qu'embrassait au paturon une entrave.

Et je contais à ma chère correspondante, avide de descriptions pittoresques, le calme silence de notre petit camp où, fatigués tous d'une longue étape, nous dormions si bien sous le ciel pur et resplendissant d'étoiles de ces régions privilégiées; et aussi le charivari

(1) La tente-abri, supprimée à tort, selon moi, pour les manœuvres du temps de paix et les campagnes d'Europe, était formée par la réunion de morceaux de toile carrés, de 1m60 de côté, dont chaque soldat était muni.

de hurlements assourdissants qu'une troupe de chacals mexicains, de *coyotes* (1) venus de la montagne voisine, nous donnait chaque nuit au nord de Durango, à l'*hacienda* de San-Salvador où nous passâmes toute une semaine, couchant sous la tente. C'était, pour commencer, l'aboiement bref d'un seul *coyote*, le chef de la bande sans doute, et aussitôt après les hurlements précipités, continus de toute la meute; puis un silence de quelques instants, et cela reprenait de la même manière. Cela durait ainsi une bonne partie de la nuit, et l'on rêvait que les vilaines bêtes, qu'on s'imaginait être tout près de soi, tant les cris étaient distincts, se ruaient en tumulte sur le camp, ce qui d'ailleurs n'était nullement à craindre.

(1) Le *coyote*, en nahuatl *coyotli*, très commun au Mexique où il est le fléau des animaux domestiques, n'est pas à proprement parler un chacal. Il tient à la fois du loup par la voracité, du renard par la ruse, du chien par sa forme et certaines saccades de la voix qui sont de véritables aboiements, et du chacal par ces cris prolongés que connaissent bien les officiers qui ont été en Algérie.

C'est à propos de ces belles nuits passées sous la tente que je racontai à mon père, à qui cela fit grand plaisir, l'intéressante application, que j'eus occasion de faire, de la manière suivante de calculer l'âge de la lune au moyen de l'épacte, qu'il m'avait le premier appris quand j'étais enfant, et que je retrouvai plus tard, rangée parmi les connaissances utiles, dans l'*Aide-mémoire à l'usage des officiers du génie* de Laisné :

« Numérotez les mois en commençant par mars (les numéros de janvier et mars sont 11 et 12, et l'on se sert pour ces mois de l'épacte de l'année qui précède), et ajoutez ensemble le numéro du mois, la date du jour et l'épacte annuelle dont tous les calendriers donnent le chiffre. Vous aurez *le jour de la lune*, si la somme est moindre que 30 ; mais si elle atteint ce nombre ou le dépasse, retranchez-en 30, et le reste sera le nombre cherché. »

Certain soir, à je ne me rappelle plus quel campement, Bernard, dont la montre s'était dérangée, me demanda de lui confier la mienne pour la nuit, de façon qu'ayant l'heure à sa portée, il pût dormir tranquille, et se lever exactement à trois heures pour panser les chevaux en vue du départ du lendemain matin. Je la lui avais déjà prêtée à diverses reprises dans les mêmes conditions, et la dernière fois il me l'avait un peu détraquée. Ne me souciant pas de l'exposer à quelque nouvelle dégradation, que je n'aurais pu de longtemps faire réparer faute d'horloger, je m'avisai d'un expédient.

Quelques secondes me suffirent pour calculer l'âge de la lune. Elle était à son dernier quartier, et je pus, dans la région intertropicale où nous nous trouvions alors, et à l'époque de l'année voisine de l'équinoxe où nous étions, en déduire, sans erreur bien sensible, qu'elle se lèverait vers minuit et serait à trois heures à peu près à 45° au-dessus de l'horizon. Ayant observé ensuite que, suivant l'orientation que me donnait l'étoile polaire, le levant était à droite de ma tente, tandis que la tente-abri de mes hommes était à gauche, et que sous celle-ci la place de la tête de mon premier ordonnance était à une distance égale à une fois et demie sa hauteur, je dis à mon Bernard :

« Vous vous lèverez quand, de votre place, par la fente d'où, sans vous déranger, vous surveillez les chevaux, vous verrez que la lune dépasse le faîte de ma tente de la moitié de sa hauteur. Il sera alors environ trois heures. »

Il fit ainsi et s'assura, aux montres d'autres ordonnances qui s'étaient levés en même temps que lui, que je ne m'étais pas trompé de beaucoup.

De la façon dont je me nourrissais je n'eus pas long à dire, mais c'était rassurant. Nous trouvions partout, non seulement la viande de boucherie qui ne pouvait qu'abonder dans un pays d'élevage, mais encore toutes les autres ressources alimentaires, telles que volailles, œufs, légumes, etc., et aussi du gibier de toute espèce et des fruits exquis. Le pain ne nous manqua jamais ; le vin seul faisait souvent défaut.

Nous nous formions, pour vivre ensemble, en groupes ou *popotes* de trois ou quatre officiers au moins, cinq ou six au plus, de la même arme si l'on était assez nombreux, d'armes diverses dans le cas contraire ; et un sérieux supplément journalier de solde y aidant (1), nous nous nourrissions confortablement *à la française,* et appliquions consciencieusement l'aphorisme émis en plein désert d'El Salado, après un excellent déjeuner de grande halte où nos maîtres queux, choisis parmi les hommes de troupe, avaient rivalisé de talent culinaire, par le chef d'état-major de la 1re division (2) qui, devenu depuis l'une de nos sommités, aura sans doute omis de l'insérer en bonne place dans quelqu'une de ses savantes études militaires : « Il faut mourir gras ».

---

(1) Quinze francs pour les officiers supérieurs et neuf francs pour les officiers subalternes.
(2) Lieutenant-colonel Lewal.

APPENDICE

APPENDICE

§ 1ᵉʳ — *Itinéraire de marche*

ABRÉVIATIONS. — C, capitale d'Etat; — h, *hacienda;* — p, *pueblo*, petite ville, village; — r, *rancho;* — v, ville; — dimᵉ, dimanche.

NOTA. — Les distances sont indiquées approximativement en lieues mexicaines de 4,190 mètres (5,000 *varas* de 0ᵐ,838).

Nᵒˢ d'ordre	GITES D'ÉTAPES	DATES D'ARRIVÉE ET DE SÉJOUR	DISTANCES
		1863	
	DE CHERBOURG A VERA-CRUZ		
	Embarqué sur l'*Entreprenante*, frégate-transport.	23 mai.	
	Départ de Cherbourg.	24 mai *(dimᵉ)*.	
	Fort de France (Martinique) { Arrivée.	14 juin *(dimᵉ)*.	
	{ Départ.	19 juin.	
	Vera-Cruz, *v.* en rade.	29 et 30 juin.	
	— débarqué.	1ᵉʳ juillet.	
	DE VERA-CRUZ A MEXICO............		103
1	La Purga, camp (en ch. d. f.)	1ᵉʳ au 3 juillet.	
2	La Soledad, *p.*	4 juillet.	
3	Palo Verde, camp.	5 juillet *(dimᵉ)*.	
4	Paso del Macho, camp.	6 juillet.	
5	El Atoyac, camp.	7 juillet.	
		A reporter ...	103

Nos d'ordre	GITES D'ÉTAPES	DATES D'ARRIVÉE ET DE SÉJOUR	DISTANCES
		Report	103
6	Rio Seco, camp.	8 juillet.	
7	Cordova, v.	9 juillet.	
8	Orizaba, v.	10 au 12 juil. *(dim^e)*.	
9	Aculcingo, p.	13 juillet.	
10	Puente Colorado, camp.	14 juillet.	
11	La Cañada, p.	15 juillet.	
12	San-Agustin del Palmar, p.	16 juillet.	
13	Acatzingo, p.	17 juillet.	
14	Amozoc, p.	18 juillet.	
15	**Puebla de los Angeles**, C.	19 au 21 juillet.	
16	Santa-Clara, h.	22 juillet.	
17	San-Martin Tezmelucan, p.	23 juillet.	
18	Venta de Puente Tezmelucan.	24 juillet.	
19	Venta de Rio Frio.	25 juillet.	
20	Buenavista, h.	26 juillet *(dim^e)*.	
21	Santa-Marta, h.	27 juillet.	
22	MEXICO.	28 juil. au 15 nov.	
	CAMPAGNE DE L'INTÉRIEUR........		280
23	Santa-Fe, p.	16 novembre.	
24	Jajalpa, h.	17 et 18 novembre.	
25	**Toluca**, C.	19 novembre.	
26	Las Mojadas, h.	20 novembre.	
27	Ixtlahuaca, p.	21 novembre.	
28	San-Felipe, p.	22 novemb. *(dim^e)*.	
29	La Jordana, h.	23 novembre.	
30	Venta de Tepetongo.	24 novembre.	
31	Maravatio, p.	25 et 26 novembre.	
32	Acambaro, p.	27 au 30 novembre.	
33	Acebuche, r.	1er décembre.	
		A reporter...	383

APPENDICE

N°s d'ordre	GITES D'ÉTAPES	DATES D'ARRIVÉE ET DE SÉJOUR	DISTANCES
		Report......	383
34	Tarimoro, *p.* et Salvatierra, *v.*	2 décembre.	
35	Celaya, *v.*	3 au 5 décembre.	
36	El Guaje, *p.*	6 décembre *(dim^e)*.	
37	Salamanca, *v.*	7 au 10 décembre.	
38	Irapuato, *v.*	11 décembre.	
39	Silao, *v.*	12 et 13 décembre.	
40	Leon, *v.*	14 décembre.	
41	XXX, camp.	15 décembre.	
42	Lagos, *v.*	16 au 27 décembre.	
43	Agua del Obispo, *p.*	28 décembre.	
44	San-Juan de los Lagos, *v.*	29 décembre.	
45	Jalostotitlan, *p.*	30 décembre.	
46	Venta de Pegueros.	31 décembre.	
		1864	
47	Tepatitlan, *p.*	1er et 2 janvier.	
48	La Joya, camp.	3 janvier *(dim^e)*.	
49	Puente de la Laja, camp.	4 janvier.	
50	San-Pedro, *p.*	5 janvier.	
51	**Guadalajara, C.**	6 au 11 janvier.	
52	San-Antonio, *h.*	12 janvier.	
53	San-Jacinto, *p.*	13 janvier.	
54	Poncitlan, *p.*	14 janvier.	
55	Ocotlan, *p.*	15 janvier.	
56	La Barca, *v.*	16 janvier.	
57	Concepcion, *h.*	17 janvier *(dim^e)*.	
58	La Piedad, *p.*	18 au 21 janvier.	
59	Penjamo, *p.*	22 janvier.	
60	Santa-Catarina, camp.	23 janvier.	
61	Valle de Santiago, *p.*	24 janvier *(dim^e)*.	
		A reporter...	383

Nos d'ordre	GITES D'ÉTAPES	DATES D'ARRIVÉE ET DE SÉJOUR	DISTANCES
		Report	383
62	Salamanca, *v.*	25 et 26 janvier.	
63	Celaya. *v.*	27 janvier.	
64	**Queretaro**, C.	28 janv. au 7 février.	
	DE QUERETARO A SAN-LUIS POTOSI, *et inversement*		174
65	Santa-Rosa, *p.*	8 février.	
66	San-Diego, *h.*	9 février.	
67	La Noria, *h.*	10 février.	
68	San-Luis de la Paz, *v.*	11 février.	
69	Posada de la Flechada.	12 février.	
70	Puerto del Fresno, *h.*	13 février.	
71	Santa-Maria del Rio, *p.*	14 et 15 février.	
72	La Pila, *h.*	16 février.	
73	**San-Luis Potosi**, C.	17 au 19 février.	
74	La Pila, *h.*	20 février.	
75	Valle de San-Francisco, *p.*	21 février *(dim^e)*.	
76	San-Bartolo, *h.*	22 février.	
77	San-Felipe, *p.*	23 février.	
78	Trancas, *h.*	24 février.	
79	La Erre, *h.*	25 février.	
80	San-Miguel Allende, *v.*	26 février.	
81	Puerto Nieto, *h.*	27 février.	
82	Santa-Rosa, *p.*	28 février *(dim^e)*.	
83	**Queretaro**, C.	29 févr. au 14 mars.	
84	Santa-Rosa, *p,*	15 mars.	
85	San-Diego, *h.*	16 et 17 mars.	
86	La Noria. *h.*	18 mars.	
87	San-Luis de la Paz, *v.*	19 mars.	
88	Posada de la Flechada.	20 mars *(dim^e)*.	
		A reporter ...	557

APPENDICE

N° d'ordre	GITES D'ÉTAPES	DATES D'ARRIVÉE ET DE SÉJOUR	DISTANCES
		Report......	557
89	Puerto del Fresno.	21 mars.	
90	Santa-Maria del Rio, *p*.	22 mars.	
91	La Pila, *h*.	23 mars.	
92	**San-Luis Potosi, G.**	24 mars au 28 juillet.	
	EXPÉDITION SUR SALTILLO ET MONTEREY..		133
93	Garabatillo, *r*.	29 juillet.	
94	Bocas, *h*.	30 juillet.	
95	Hedionda, *p*.	31 juillet *(dim^e)*.	
96	El Venado, *v*.	1er et 2 août.	
97	Los Charcos, *h*.	3 août.	
98	Laguna Seca, *h*.	4 août.	
99	Solis, *h*.	5 août.	
100	San-Juan de Biznaga, *h*.	6 août.	
101	Matehuala, *v*.	7 août *(dim^e)*.	
102	El Cedral, *p*.	8 août.	
103	Vanegas, *h*. (par Catorce).	9 au 11 août.	
104	Las Animas, *r*.	12 août.	
105	El Salado, *h*.	13 août.	
106	La Ventura, *r*.	14 août *(dim^e)*.	
107	Encarnacion de Guzman, *h*.	15 août.	
108	Tanque de la Vaca, *r*.	16 août.	
109	Agua Nueva, *h*.	17 et 18 août.	
110	Buenavista, *h*.	19 août.	
111	**Saltillo, G.**	20 au 22 août.	
112	Santa-Maria, *h*.	23 août.	
113	La Rinconada, *h*.	24 août.	
114	Santa-Catarina, *p*.	25 août.	
115	**Monterey, G.**	26 août au 2 octobre.	
		A reporter...	690

N°s d'ordre	GITES D'ÉTAPES	DATES D'ARRIVÉE ET DE SÉJOUR	DISTANCE
		Report......	690
	DE MONTEREY A DURANGO........		159
116	San-Juan, r,	3 octobre.	
117	La Rinconada, h.	4 octobre.	
118	Santa-Maria, h.	5 octobre.	
119	**Saltillo, C.**	6 au 8 octobre.	
120	La Encantada, r.	9 octobre *(dim^e)*.	
121	Los Muchachos. r.	10 octobre.	
122	Patos, h.	11 octobre.	
123	Macuyo, r.	12 octobre.	
124	Seguin, r.	13 octobre.	
125	San-Jose, r.	14 octobre.	
126	Parras, v.	15 au 19 octobre.	
127	Boquilla, r.	20 octobre.	
128	La Peña, r.	21 octobre.	
129	Alamo de Parras, p.	22 au 24 octobre.	
130	Los Hornos, h.	25 octobre.	
131	Gué de Mielleras, (rio de Aguanaval), camp.	26 octobre.	
132	Torreon, camp.	27 au 29 octobre.	
133	Avilez, h.	30 octobre *(dim^e)*.	
134	XXX, camp.	31 octobre.	
135	La Noria Perdizeña, mineral.	1er novembre.	
136	Tanque del Pasaje, camp.	2 novembre.	
137	Yerbaniz, h.	3 et 4 novembre.	
138	Tapias, r.	5 novembre.	
139	Sauces, h.	6 novemb. *(dim^e)*.	
140	Porflas, r.	7 novembre.	
141	El Chorro, h,	8 novembre.	
142	Guadalupe, h.	9 novembre.	
		A reporter...	849

APPENDICE

Nos d'ordre	GITES D'ÉTAPES	DATES D'ARRIVÉE ET DE SÉJOUR	DISTANCES
		Report......	849
143	Durango, C.	10 nov. au 31 déc. 1865 1er janv. au 8 février.	
	EXPÉDITION AU NORD DE DURANGO....		141
144	San-Antonio, r.	9 février.	
145	Sauceda, h.	10 février.	
146	San-Lucas, r.	11 février.	
147	San-Juan del Rio, p.	12 février (dime).	
148	Menores de Abajo, h.	13 février.	
149	Huichapa, h.	14 février.	
150	San-Salvador, h.	15 au 21 février.	
151	El Casco, r.	22 février.	
152	Naiche, r.	23 février.	
153	La Laborcilla, r.	24 février.	
154	Boca de Cobre, p.	25 février.	
155	Nazas, p.	26 fév. au 23 mars.	
156	Boca de Cobre, p.	24 et 25 mars.	
157	Avino, r.	26 mars (dime).	
158	La Uña, r. Sobaco, r.	27 au 29 mars.	
159	Nazas, p.	30 mars au 1er avril.	
160	La Uña, r.	2 avril (dime).	
161	La Marquesena, h.	3 avril.	
162	La Perdizeña, h.	4 avril.	
163	Tanque del Pasaje, camp.	5 avril.	
164	Yerbaniz, h.	6 avril.	
165	Sauces, h.	7 avril.	
166	XXX, camp.	8 et 9 avril (dime).	
167	Guadalupe, h.	10 avril.	
168	Durango, C.	11 au 25 avril.	
		A reporter...	990

Nos d'ordre	GITES D'ÉTAPES	DATES D'ARRIVÉE ET DE SÉJOUR	DISTANCES
		Report......	990
	DE DURANGO A SAN-LUIS POTOSI.....		112
169	Novacoyan, *h*.	26 avril.	
170	Posada de la Punta.	27 avril.	
171	San-Quintin, *h*.	28 avril	
172	Chaparron, *h*.	29 avril.	
173	El Mortero, *h*.	30 avril *(dim^c)*.	
174	Lo de Mina, *h*.	1er mai.	
175	Sombrerete, *v*.	2 et 3 mai.	
176	Cantuna, *r*.	4 mai.	
177	Sauces, *h*.	5 mai.	
178	Rancho Grande, *h*.	6 mai.	
179	Fresnillo, *v*.	7 mai *(dim^c)*.	
180	La Calera, *r*.	8 mai.	
181	Zacatecas, C.	9 au 11 mai.	
182	Troncoso, *h*.	12 mai.	
183	Santa-Helena, *h*.	13 mai.	
184	Salinas, *h*.	14 mai *(dim^c)*.	
185	Espiritu Santo, *h*.	15 mai.	
186	La Parada, *h*.	16 mai.	
187	**San-Luis Potosi**, C.	17 mai au 30 juillet.	
	DE SAN-LUIS POTOSI A MONTEREY.....		124
188	Garabatillo, *r*.	31 juillet.	
189	Bocas, *h*.	1er août.	
190	Hedionda, *p*.	2 août.	
191	El Venado, *v*.	3 août.	
192	Los Charcos, *h*.	4 août.	
193	Solis, *h*.	5 août.	
194	San-Juan de Biznaga, *h*.	6 août *(dim^e)*.	
		A reporter...	1226

APPENDICE

Nos d'ordre	GITES D'ÉTAPES	DATES D'ARRIVÉE ET DE SÉJOUR	DISTANCES
		Report......	1226
195	Matehuala, v.	7 au 9 août.	
196	El Cedral, p.	10 août.	
197	Vanegas, h	11 août.	
198	Las Animas, r.	12 août.	
199	El Salado, h.	13 août (dim^c).	
200	La Ventura, r.	14 août.	
201	Encarnacion de Guzman, h.	15 et 16 août.	
202	Tanque de la Vaca, r.	17 août.	
203	Agua Nueva, h.	18 août.	
204	Saltillo, C.	19 au 22 août.	
205	Santa-Maria, h.	23 août.	
206	La Rinconada, h.	24 août.	
207	Santa-Catarina, p.	25 août.	
208	**Monterey, C.**	26 août au 15 octob.	
	DE MONTEREY A MEXICO.........		237
209	La Rinconada, h.	16 octobre.	
210	Santa-Maria, h.	17 octobre.	
211	**Saltillo, C.**	18 au 24 octobre.	
212	Buenavista, h	25 octobre.	
213	Agua Nueva, h	26 octobre.	
214	Tanque de la Vaca, r.	27 octobre.	
215	Encarnacion de Guzman, h.	28 octobre.	
216	San-Salvador, h.	29 octobre (dim^e).	
217	El Salado, h.	30 octobre.	
218	Las Animas, r.	31 octobre	
219	Vanegas, h.	1er novembre.	
220	El Cedral, p.	2 novembre.	
221	Matehuala, v.	3 au 5 nov. (dim^c).	
222	La Punta, h.	6 novembre.	
		A reporter...	1463

Nos d'ordre	GITES D'ÉTAPES	DATES D'ARRIVÉE ET DE SÉJOUR	DISTANCES
		Report......	1463
223	Solis, h.	7 novembre.	
224	Laguna Seca, h.	8 novembre.	
225	Charcas, p.	9 novembre.	
226	El Venado, v.	10 novembre.	
227	Hedionda, p,	11 novembre.	
228	Bocas, h.	12 novemb. (dim^e).	
229	El Penasco, h.	13 novembre.	
230	**San-Luis Potosi, C.**	14 au 19 nov. (dim^e).	
231	La Pila, h.	20 novembre.	
232	Santa-Maria del Rio, p.	21 novembre.	
233	Villela, h.	22 novembre.	
234	Sauceda, h.	23 novembre.	
235	San-Luis de la Paz, v.	24 et 25 novembre.	
236	La Noria, h.	26 novemb. (dim^e).	
237	San-Diego, h.	27 novembre.	
238	Montenegro, h.	28 novembre.	
239	**Queretaro, C.**	29 et 30 novembre.	
240	El Sauz, h.	1er décembre.	
241	San-Juan del Rio, p.	2 décembre.	
242	La Soledad, p.	3 décembre (dim^e).	
243	Arroyo Zarco, h.	4 décembre.	
244	San-Francisco, p.	5 décembre.	
245	Tepeji del Rio, p	6 décembre.	
246	Cuautitlan, p.	7 décembre.	
247	MEXICO.	8 au 31 décembre. 1866 1er janv. au 4 mars.	
		A reporter...	1463

APPENDICE

Nos d'ordre	GITES D'ÉTAPES	DATES D'ARRIVÉE ET DE SÉJOUR	DISTANCES
		Report......	1463
	EXPÉDITION SUR ZITACUARO.......		80
248	Tianguillo, camp.	5 mars.	
249	Lerma, p.	6 mars.	
250	Toluca, C.	7 mars.	
251	Meztepec, h.	8 mars.	
252	San-Mateo, camp.	9 mars.	
253	Zitacuaro, p.	10 mars au 11 avril.	
254	Laguna Verde, camp.	12 avril.	
255	Ayala, h.	13 avril.	
256	Almoloya, p.	14 avril.	
257	Toluca, C.	15 avril au 24 mai.	
258	Venta de Guajimalpa.	25 mai.	
259	MEXICO.	26 au 28 mai.	
	RECONNAISSANCE DU CHEMIN DE FER EN CONSTRUCTION DE MEXICO A VERA-CRUZ		214
260	Tepexpan, p.	29 mai.	
261	Otumba, p.	30 mai.	
262	Venta de Yrolo.	31 mai.	
263	San-Buenaventura, h.	1er juin.	
264	Apizaco, p.	2 juin.	
265	Santa-Inés, p.	3 juin (dim*).	
266	Puebla de los Angeles, C.	4 et 5 juin.	
267	San-Pablo, p.	6 juin.	
268	Acocotla, h.	7 juin.	
269	Nopalucan, p.	8 juin.	
270	Ocotepec, p.	9 juin.	
271	La Esperanza, h.	10 juin (dim*).	
272	Maltrata, p.	11 juin.	
		Report......	1757

Nos d'ordre	GITES D'ÉTAPES	DATES D'ARRIVÉE ET DE SÉJOUR	DISTANCES
		Report......	1757
273	Orizaba, v.	12 et 13 juin.	
274	Cordova, v.	14 juin.	
275	El Atoyac, camp.	15 juin.	
276	Paso del Macho, station; (La Soledad et La Purga en ch. de fer, aller et retour).	16 juin.	
277	Cordova, v.	17 juin (dim^e).	
278	Orizaba, v.	18 au 20 juin.	
279	Aculcingo, p.	21 juin.	
280	La Cañada, p.	22 juin.	
281	San-Agustin del Palmar, p.	23 juin.	
282	Acatzingo, p.	24 juin (dim^e).	
283	Amozoc, p.	25 juin.	
284	**Puebla de los Angeles**, C.	26 juin.	
285	San-Martin Tezmelucan, p.	27 juin.	
286	Venta de Rio Frio.	28 juin.	
287	Ayotla, p.	29 juin.	
288	MEXICO (par Iztapalapa).	30 juin au 9 Sept.	
	DE MEXICO A VERA-CRUZ........		128
289	Iztapalapa, p.	10 septembre.	
290	Buenavista, h.	11 septembre.	
291	Venta de Rio Frio.	12 septembre.	
292	Venta de Puente Tezmelucan.	13 et 14 septembre.	
293	San-Bartolo, h.	15 septembre.	
294	**Puebla de los Angelos**, C.	16 septemb. (dim^e).	
295	Amozoc, p.	17 septembre.	
296	Acatzingo, p.	18 septembre.	
297	San-Agustin del Palmar, p.	19 septembre.	
298	La Cañada, p.	20 et 21 septembre.	
		A reporter....	1885

N°s d'ordre	GITES D'ÉTAPES	DATES D'ARRIVÉE ET DE SÉJOUR	DISTANCES
		Report......	1885
299	Aculcingo, p.	22 septembre.	
300	Orizaba, v.	23 sept. au 16 oct.	
301	Tecamalucan, h.	17 octobre.	
302	La Canada, p.	18 oct. au 3 nov.	
303	Tecamalucan, h.	4 novembre (dim°).	
304	Orizaba, v.	5 nov. au 8 décemb.	
305	El Fortin, r.	9 décembre (dim°).	
306	El Potrero, h.	10 décembre.	
307	Paso del Macho, station.	11 décembre.	
308	Vera-Cruz, v. (en ch de fer).	12 décembre.	
	Longueur totale approximative du chemin parcouru en territoire mexicain — Lieues mexicaines de 4190 mètres.		1885
	DE VERA-CRUZ A SAINT-NAZAIRE		
	Embarqué sur le *Panama*, paquebot transatlantique.	13 décembre 1866.	
	Départ de Vera-Cruz.	14 décembre.	
	La Havane.	17 et 18 décembre.	
	Saint-Thomas.	23 et 24 décembre.	
	Saint-Nazaire. { en rade. { débarqué.	8 janvier 1867. 9 janvier.	

§ 2. — *Les sonnettes des crotales.*

Je possède une collection de sonnettes de crotales choisies parmi les plus belles dans deux ou trois sacs de cuir, en contenant chacun des milliers, mis gracieusement à ma disposition à l'*hacienda* d'Espiritu Santo.

Voici comment je comprends la formation et le développement progressif de ces singulières excroissances au bout de la queue des serpents à sonnettes.

Chaque année, au retour de la belle saison, les serpents muent, c'est-à-dire se dépouillent de leur épiderme. J'ai sous les yeux, en écrivant ces lignes, la dépouille d'une vipère trouvée dans l'herbe au pied d'une haie : c'est une gaine, une longue poche bien entière, bien continue de la tête au bout fermé de la queue, formée d'une membrane incolore, ou plutôt d'un blanc violâtre, où les rectangles transversaux du ventre et les losanges du dos, consistant, les premiers comme les seconds, en de minces lames cornées transparentes, sont reliés les uns aux autres par d'étroites bandes d'assemblage, opaques et mates, dont la souplesse donne au tissu une sorte d'élasticité factice assez prononcée. Je ne saurais mieux définir ces bandes séparatives qu'en les comparant aux plis d'une carte géographique divisée en compartiments égaux et collée sur de la toile non gommée, de façon à pouvoir être pliée à la dimension desdits compartiments.

J'y remarque une particularité bien curieuse et, je le crois du moins, peu connue. Les yeux du reptile ont fourni leur part de dépouille. Les deux trous correspondants sont en effet garnis comme qui dirait d'un vitrage convexe d'une parfaite limpidité

Je me suis demandé comment s'y prend le serpent pour sortir de cette gaine. Mord-il le bout postérieur, et tire-t-il dessus comme on fait du bout d'un bas pour le retirer sans le retourner? Je ne m'arrêterai pas à cette hypothèse peu sérieuse, et imagine plutôt qu'il rampe à l'intérieur, comme le fait le ver de terre dans son trou, en s'y créant des points d'appui successifs par la tension qu'y produit le gonflement méthodique des diverses parties de son corps.

Ainsi s'effectue la mue des serpents venimeux ou non, à queue ordinaire. Qu'en est-il du crotale ou serpent à sonnettes, de la *vibora de cascabel,* la redoutée vipère mexicaine qui, ainsi l'a voulu la Providence, prévient de son approche par le bruit que fait son appendice caudal?

La queue du crotale nouveau-né est terminée par une sorte de godet de corne, de cornet aplati, que deux étranglements transversaux divisent en trois zones, ou anneaux inégaux dont le plus grand constitue l'orifice rattaché à l'épiderme du reptile par son bord rabattu en dedans, et le plus petit, en forme de fer de lance, fait le fond.

Au cours de la première année de la vie de l'animal, il se forme sous l'épiderme de naissance un nouvel épiderme qui a aussi son cornet terminal pareil à l'autre, mais plus grand dans la mesure même du grossissement progressif de la queue, et engagé aux deux tiers dans l'intérieur du premier où le retiennent les étranglements entre lesquels il est emboîté.

Le moment de la mue venu, le reptile abandonne sa dépouille de la manière qu'il a été dit, entraînant avec soi le cornet de naissance qui s'est détaché du premier épiderme et demeure, à l'état de matière inerte, agrafé au deuxième cornet qu'il emboîte assez lâchement pour que les deux puissent s'entre-choquer avec bruit quand la queue vibre. Et jusqu'à la mue subséquente les sonnettes du jeune crotale resteront composées du premier cornet entièrement apparent, et du second dont le grand anneau seul est visible, les deux autres étant dissimulés à l'intérieur des deux plus grands anneaux du premier où ils jouent librement.

Un an plus tard, un troisième épiderme est formé, ainsi qu'un troisième cornet pareil aux autres, mais plus grand que le deuxième dans lequel il est aussi engagé aux deux tiers comme celui-ci l'est dans le premier ; et la deuxième mue survenant découvre le grand anneau de ce troisième cornet auquel le deuxième, détaché à son tour de la deuxième dépouille abandonnée, est demeuré attaché comme le premier l'est à lui-même. Et ce sont dès lors trois cornets qui font tapage, quand le crotale est irrité ou effrayé.

Chaque année un nouveau cornet s'ajoute ainsi à ce bruyant appendice, et le nombre des anneaux apparents augmente d'une unité. Telle est l'explication de la légende suivant laquelle le nombre d'anneaux indique l'âge du reptile; et cet âge, compté en années révolues, correspond bien en effet au nombre total des anneaux mis successivement à découvert, ceux du cornet de naissance non compris. Toutefois le décompte ainsi fait serait généralement faux, par la simple raison qu'il est bien rare que les sonnettes du crotale, jeune ou vieux, que l'on capture, aient au complet tous leurs cornets.

Ma collection ne contient pas seulement des sonnettes de crotales adultes; il y en a également de petites provenant de sujets tout jeunes. En rapprochant les plus petites de plus grandes, de façon que les côtés des premières se confondent avec le prolongement virtuel des côtés des secondes, et rétablissant, par interpolation, les anneaux manquant entre les deux, j'ai pu fixer à quinze à vingt ans l'âge extrême qu'atteignent les serpents à sonnettes.

Composées de cornets aplatis, les sonnettes ont une largeur un peu plus que double de leur épaisseur. Dans la position normale du reptile allongé ou lové, le ventre dessous, elles sont dressées de champ, et c'est dans le sens horizontal que la queue vibre pour faire s'entrechoquer les cornets.

Un sillon longitudinal, qu'on remarque sur chacune des grandes faces des cornets, assure la rectitude de l'appendice et empêche qu'il ne se produise des coincements.

A la différence des vipères ordinaires dont la peau est lisse, les crotales sont couverts d'écailles qu'ils hérissent, en même temps qu'ils remuent leurs sonnettes, quand ils sont en colère. Et en définitive vipères et crotales n'ont guère de commun que leurs crochets venimeux décrits, avec figure explicative, dans tous les traités d'histoire naturelle.

Agitées aussi vivement que possible avec la main, les sonnettes ne font qu'un bruit, assez faible même, de noisettes secouées dans un sac. Bien plus énergiques sans doute, les vibrations de la queue du serpent leur font produire un bruit strident caractéristique, ayant de l'analogie avec celui de la sonnerie électrique si connu de tous aujourd'hui. Ce bruit, je l'ai entendu de fort près provenant d'un serpent à sonnettes que j'irritai, au camp de Tanque de la Vaca, dans le désert d'El Salado, en jetant des pierres dans le buisson de *mezquite* (1) où il se tenait caché.

Le serpent à sonnettes, il est bon de le dire, est moins dangereux qu'on ne pourrait le croire. Sa piqûre, soignée tout de suite, n'est généralement pas mortelle pour l'homme. Elle ne l'est pas non plus pour les animaux; mais ceux-ci n'en valent guère mieux. « La bête perd l'usage du membre piqué », me disait l'administra-

---

(1) En nahuatl *mizquitl*, « mimosa nilotica ».

teur d'Espiritu Santo, en me montrant un pauvre bourricot qui sautillait sur trois jambes : la quatrième, qu'avaient atteinte les terribles crochets, pendait contractée et inerte.

Le danger est du reste d'autant moindre pour l'homme que, comme nos vipères, les crotales en ont peur et fuient à son approche. Dans le trajet de San-Luis Potosi à Monterey, nos troupes campaient chaque jour, ou peu s'en faut, sur des terrains où ils abondent. Les crotales s'empressaient sans doute de nous céder la place ou se confinaient dans leurs trous; car il n'y eut, que je sache, jamais personne de piqué. A Tanque de la Vaca, ma tente était dressée à quinze ou vingt mètres à peine du buisson où se tenait le reptile qui me prévint à sa façon de son inquiétant voisinage. Je ne la déplaçai pas et y dormis sans trop d'appréhension.

§ 3. — *Les îles flottantes du lac de Srinagar, du lac de Vadimon et de Saint-Omer.*

Ce n'est pas uniquement au Mexique que l'on trouve la *cinta* et des jardins flottants qui en sont faits. Il y en a autre part.

Je veux parler d'abord des *Melonnières flottantes* du lac de Srinagar, dans la vallée de Kashmyr. J'en ai trouvé trois descriptions assez concordantes (1) que je vais résumer, et d'où il ressort que leur formation, analogue à celle des *chinampas* mexicaines, n'en diffère qu'en ce que leur affectation exclusive à la production des cucurbitacées a permis d'y résoudre, d'une façon plus simple et fort ingénieuse, le problème de la mise hors d'eau du sol à cultiver.

Le lac de Srinagar est couvert le long de la rive, et aussi par places au large, de grandes agglomérations de plantes aquatiques qui ont la propriété d'émettre horizontalement une quantité prodigieuse de racines entremêlées comme les mailles d'un filet. Les jardiniers y découpent des tranches longues de 10 à 12 mètres, épaisses d'environ 0^m70 et larges de 2 à 3 mètres, lesquelles, assez semblables à la tourbe, mais beaucoup moins compactes, flottent à la surface des eaux comme les trains de bois sur nos rivières. Ils fauchent les herbages qui les recouvrent, en ménageant tout autour une ceinture protectrice de joncs et de roseaux, et y étendent ensuite une couche de vase qu'ils retirent du fond du lac et qui, formée de détritus végétaux, est pleine de sucs nourrissants.

Ayant ainsi composé un excellent terroir, les jardiniers y élèvent sur deux ou trois rangs, dans toute la

(1) *La Mosaïque*, 1835-1836, pp. 390 et 391. — *Le Magasin pittoresque*, 1845, p. 4. — *La Nature*, 1881, 1er sem., pp. 328 à 330.

longueur de la couche, et en les espaçant d'un à 2 mètres, de petits monticules coniques, de 60 à 70 centimètres de hauteur, formés d'amas d'herbes. Chacun de ces cônes présente, à sa partie supérieure, une concavité en forme de nid qui, remplie de vase choisie, reçoit les plants de melon, de potiron, de pastèque, de courge, de tomate, d'aubergine, etc.

Les melonnières sont rangées en nombreuses files perpendiculaires à la rive, que séparent les unes des autres des intervalles d'un mètre à peine, où circulent pourtant à l'aise les canots effilés des jardiniers. Elles sont fixées chacune à sa place au moyen de pieux, de 7 à 8 mètres de longueur, passant au travers et fichés au fond du lac.

Leur rendement est des plus abondants, et elles sont pour leurs heureux auteurs la source de profits considérables.

« J'ai vu », rapporte Pline le Jeune (1), « flottant au gré de l'eau dans le lac de Vadimon (2), des îles

---

(1) *Lettres*, VIII-20. J'emprunte ma citation à l'élégante traduction de M. de Sacy, et prends la liberté grande de modifier sa version en trois endroits où elle me paraît ne pas rendre fidèlement le sens du texte latin.

(2) Le lac de Vadimon, lac d'Étrurie, au nord-est de la forêt Ciminienne, est appelé *lago di Bessanello* par le jésuite Hardouin, et ce doit être à tort que les dictionnaires de Bouillet, de Larousse et de Désobry et Bachelet lui attri-

d'herbes (1) toutes couvertes de roseaux, de joncs et de tout ce que l'on a coutume de trouver dans les meilleurs marais et aux extrémités mêmes du lac. Chaque île a sa figure ainsi que sa grandeur particulière; chacune a ses bords ras, parce que souvent elles se heurtent l'une à l'autre ou heurtent le rivage. Elles ont toutes une égale hauteur, une égale légèreté; comme la quille d'un navire (2), la partie basse plonge dans l'eau où on la découvre de tous les côtés également flottante et submergée. Quelquefois elles se rassemblent et se joignent toutes, et forment une espèce de continent. Quelquefois des vents opposés les dispersent; et le calme leur étant rendu, elles ne laissent pas de flotter séparément. Souvent les plus

---

buent le nom de la ville de Bassano, située fort loin de là en Vénétie. La végétation flottante y a pris une extension considérable, et le recouvre presque en entier aujourd'hui.

(1) *Insulæ herbidæ*. Le qualificatif *herbidæ*, que M. de Sacy traduit par « chargées d'herbages », s'applique à la contexture même des îles qui sont des agglomérations d'herbes (plus exactement de racines) supportées directement par l'eau, sans interposition de rien autre qu'on puisse dire en être *chargé*.

(2) *In speciem carinæ*. M. de Sacy met : « *taillée* comme la quille d'un navire ». Or il ne s'agit que de la façon dont plongent dans l'eau, et non de la forme de ces îles qui ont les bords ras, ainsi qu'il est dit deux lignes avant, et le dessous nécessairement plat avec brindilles pendantes, et ne sauraient avoir la partie basse taillée (d'onglet) comme la quille d'un navire.

petites s'attachent aux plus grandes, comme de petites barques à des vaisseaux de charge. Souvent encore on dirait que les grandes et les petites luttent de vitesse à la course (1). Une autre fois, poussées toutes en un même lieu, elles accroissent le rivage à l'endroit où elles s'arrêtent ; de sorte que vous les voyez tantôt d'un côté, tantôt de l'autre, découvrir le lac ou le faire disparaître, et ne lui laisser toute son étendue que lorsqu'elles sont au milieu. Il est certain que les bestiaux, suivant le pâturage, entrent dans ces îles comme si elles faisaient partie de la rive, et qu'ils ne s'aperçoivent que le terrain est mouvant que lorsque, le rivage s'éloignant d'eux, la frayeur de se voir emportés, et enlevés dans l'eau qu'ils voient autour d'eux, les saisit. Peu après ils abordent où il plaît au vent de les porter, et ne sentent pas plus qu'ils reprennent terre qu'ils n'avaient senti qu'ils la quittaient. »

Avant Pline le Jeune, Pline l'Ancien, son oncle (2), et Sénèque (3) n'avaient aperçu qu'une seule île flottante sur le lac de Vadimon. Selon Pline l'Ancien elle était boisée, et il y en avait une pareille sur le lac de

---

(1) *Cursum certamenque desumunt.* M. de Sacy traduit ainsi : « disputent entre elles de légèreté et se livrent combat ». C'est à mon avis une course, *cursum*, et je me rallie au commentaire de l'édition Lemaire : Ἐν διὰ δυοῖν, *cursus certamen*.

(2) *Hist. nat.*, II-95 et III-17.

(3) *Quest. nat.*, III-25.

Cutilie dans le territoire de Reate (aujourd'hui Rieti sur le Velino, au nord-est de Rome). « Ce n'était peut-être », dit Sénèque, « qu'un amas de souches et de feuilles, *truncos frondesque*, éparses sur le lac, qu'une humeur glutineuse aura réunies ». Le même Sénèque a vu aussi de la végétation flottante sur le lac Staton, et relate que Théophraste en avait vu quatre cents ans plutôt en Lydie.

En France même, enfin, on a vu également flotter de la *cinta*, on a cultivé des îles flottantes.

« Il y a », écrit Pellisson, historiographe de Louis XIV (1), « deux choses très curieuses à Saint-Omer : l'une est le faubourg du Haut-Pont, l'autre, ce qu'on appelle le Clair-Marais. »

« Le Haut-Pont s'étend sur deux langues de terre soutenues de digues, séparées par un canal et tout environnées d'autres canaux. »

« Le Clair-Marais est une espèce de merveille qui n'a guère de semblables. Ces grands canaux qui environnent tout le Haut-Pont sont coupés et entrecoupés mille et mille fois par d'autres petits canaux. Ce grand assemblage d'eau fait une manière d'océan, non point sale ni bourbeux, mais net et clair, d'où il a pris le nom de Clair-Marais. »

« En cet océan se trouvent un nombre infini de

(1) *Lettres historiques de M. Pellisson*, 3 vol. Paris, 1729, 3ᵉ vol., lettre CCXLII du 1ᵉʳ mai 1677.

petites îles vertes dont chacune est un jardin potager ou un champ de légumes que les Hautponnais cultivent, si proches les unes des autres qu'elles font d'abord un véritable labyrinthe d'eau et de verdure ; de sorte que, croyant toujours avancer par ces petits canaux navigables qui les séparent, après avoir vogué longtemps, vous vous retrouvez quelquefois au même endroit d'où vous étiez parti. Mais quand on est bien conduit, après avoir démêlé ce premier labyrinthe, vous retrouvez de grands canaux larges et clairs comme de belles rivières, puis des lacs en rond, puis des îles, et quelquefois des étoiles et des pattes-d'oie d'eau et de verdure, où les arbres de part et d'autre font par-ci par-là des manières de berceaux. »

« Parmi ces îles, il y en a bien environ cent, selon d'autres environ trois cents, qui sont flottantes, et que le vent fait aller d'un lieu à un autre. Le Roi avait été s'y promener le matin. Nous y fûmes l'après-dîner pour les voir plus à loisir, et descendîmes dans deux de ces îles. La plus belle et la plus grande, qu'on nomme *la Princesse* et où le roi était descendu avant nous, est d'une forme ronde et de la grandeur d'un beau salon. Elle était couverte d'arbres que les Espagnols ont coupés, je ne sais pourquoi ; mais les troncs y sont encore gros comme la moitié d'un homme, et une partie des arbres mêmes par terre à côté de leurs troncs. Elle habite dans un grand lac comme celui que fait le canal de Versailles, et va tantôt d'un côté, tantôt de l'autre; afin que nous n'en puissions pas douter quand nous fûmes dedans, nos mariniers, y ayant attaché leurs petites barques, la firent aller tant qu'il nous plut et traverser le lac. C'est un amas de terre molle qu'on perce avec leurs crocs comme on percerait un fromage. Elle a douze ou treize pieds d'épaisseur (1) où l'on fait des trous de part en part; mais les racines des arbres et des herbes la tiennent toujours liée et ferme ensemble. »

« Nous en vîmes une autre sans nom, à qui nous donnâmes celui de *Mignonne*. On venait de la faucher. Elle était propre comme un boulingrin, et nous fîmes la même expérience de la percer et de la faire marcher. Nos mariniers nous contèrent une plaisante manière de pêche qu'ils font l'hiver. Le poisson se retire au-dessous de ces îles contre le froid. Eux ils mettent de grands filets sous l'eau, puis attachant une corde à l'île ils la font passer sur leurs filets qui, raclant le dessous de l'île, emportent et retiennent tout ce pauvre poisson. »

(1) Deneufville dit que les îlots n'avaient que deux ou trois pieds d'épaisseur et qu'il n'y faisait point sûr partout, parce qu'il s'y rencontrait des ouvertures et des trous dans lesquels, si l'on y tombait, on pouvait périr, les viviers étant fort profonds (*Annales de la ville de Saint-Omer*, t. II).

Mme de Flesselles donne à *la Princesse* quatre ou cinq pieds d'épaisseur avec douze pieds seulement de circonférence.

Charles-Quint, Philippe II, le prince d'Orange, fils aîné du célèbre Guillaume, la princesse Isabelle, fille de Philippe II, le prince de Condé, Don Juan d'Autriche et le duc d'York, depuis Jacques II, avaient, avant Louis XIV, visité les îles flottantes de Saint-Omer. Un siècle et demi plus tard, la majeure partie avait touché le fond. Il n'en restait plus que trois : la duchesse de Berry prit pied sur l'une d'elles le 29 août 1825, et, abandonnées depuis lors, elles ne tardèrent pas à se fixer aussi (1).

§ 4. — *Condition sociale des Mexicains indigènes.*

Le Mexicain indigène, l'Indien, j'entends l'Indien de l'Anahuac, le seul que j'aie vu d'assez près pour le bien connaître, est de taille un peu au-dessous de la moyenne. A son torse trapu se rattachent des membres grêles. Il a le teint brun foncé, le front bas et étroit, les yeux noirs et légèrement bridés, les pommettes un peu saillantes, la barbe rare, la denture belle et toujours saine. Ses cheveux, qu'il porte volontiers

---

(1) Extrait de l'*Histoire des Flamands du Haut-Pont et de Lyzel;* par H. PIERS, bibliothécaire à Saint-Omer. Saint-Omer, 1836.

longs, sont noirs, gros, lisses et bien fournis; et il les conserve tous, grisonnant à peine, jusqu'à l'âge le plus avancé:

> *Cuando el Indio encanece,*
> *El Gachupin ya no parece.*
> « Quand l'Indien grisonne,
> L'Espagnol n'est plus. »

dit un vieux proverbe.

Un autre dicton espagnol,

> *Donde nace el Indio,*
> *Crece el bejuco.*
> « Où naît l'Indien,
> Croît le rotin (1). »

caractérise, avec autant d'exactitude que de pittoresque énergie, l'asservissement de cette malheureuse race sous la rude main du conquérant. Trois siècles d'un régime de fer l'ont avilie au physique comme au moral, et dans ces êtres craintifs, méfiants, mélancoliques, habituellement vêtus de loques sordides, on ne retrouve rien de la belle stature et de la fière mine des héroïques défenseurs de Tenochtitlan.

Non moins dégénérée, l'Indienne ne rappelle pas davantage, bien qu'en ayant conservé le costume (2),

---

(1) Littéralement « croît la liane. »
(2) L'Indienne porte aujourd'hui encore le *cueitl*, bande d'étoffe enroulée autour du corps en guise de jupe, et le *huepilli*, sorte de peplum, de camisole sans manches ouverte sur les côtés, des femmes aztèques d'autrefois.

les séduisantes créatures dont, au dire de Bernal Diaz del Castillo, le bon Montézuma se plaisait à gratifier les soldats de Fernand Cortès devenus ses geôliers, et moins encore les jeunes et belles patriciennes de Tlaxcala auxquelles s'allièrent les capitaines du célèbre *conquistador*.

Et, cependant, malgré son apparence chétive, le Mexicain indigène est encore, quand on sait gagner sa confiance et stimuler son amour-propre, un vigoureux et vaillant travailleur; je l'ai moi-même, comme on l'a vu, constaté.

Il est surtout resté ce qu'étaient ses ancêtres, un solide et infatigable portefaix. Dressé dès l'enfance, comme le *tlamama* (1) d'avant la conquête, à porter fort loin, d'un pas rapide, un lourd fardeau, il trottine de bon matin vers la ville, courbé sous le *huacal* (2), sorte de grande caisse à claire-voie contenant les produits de son industrie, les récoltes de son champ ou les fruits et légumes de son jardin, et dont il supporte le poids à l'aide d'une courroie appuyant sur le haut du front. Sa femme l'accompagne, ayant, elle, sa charge dans l'*ayate* dont elle noue deux coins sur la poitrine, à moins que la place ne soit prise sur son dos par le dernier-né de ses marmots; et les autres enfants suivent, portant, à la

(1) *Tlacatl* « homme », et *mama* « qui porte ».
(2) En nahuatl *huacalli*.

façon du père, chacun leur fardeau de poids proportionné à leur taille

Et à Mexico même on retrouve encore le *tlamama* dans le porteur d'eau, ce type si pittoresque qu'on ne voit que là. Le chef casqué de cuir épais, le ventre et le dos bardés de même, l'*aguador*, au moyen de deux courroies qui se croisent, et appuient, l'une sur le front, l'autre sur le sommet du crâne, porte deux cruches en terre d'inégale grandeur et différentes de forme. La plus grande, renflée, énorme, repose sur ses reins ; l'autre, aiguière de belle dimension encore, bien que plus petite, lui pend sur le ventre où, de la main droite tenant l'anse et de la gauche serrant les deux brins de la courroie de suspension, il l'empêche de ballotter.

L'Indien des *pueblos* et des villes est généralement pauvre. Il lui est bien difficile de s'élever jusqu'aux classes supérieures de la société, d'où les créoles le repoussent systématiquement ; mais enfin, sauf le cas où l'odieuse presse, la *leva*, l'enrôle de force dans l'armée, il dispose à son gré de sa personne. Cette liberté fait défaut au *peon d'hacienda*, non moins pauvre du reste. Celui-ci ne peut s'en aller ailleurs sans s'être acquitté vis-à-vis du propriétaire, de l'*hacendado*, non seulement de ses dettes personnelles, mais encore de celles de son père que l'iniquité des anciennes lois coloniales fait passer sur sa tête. Un crédit lui est ouvert à la *tienda*, ou magasin de détail, de l'*hacienda*, qui lui fournit tout ce dont il a besoin, et la modicité de son salaire est telle que sa dette s'accroît sans cesse.

La douceur, l'intelligence des Indiens, leur reconnaissance pour les égards qu'on leur témoigne ont intéressé tous ceux qui les ont vus d'un peu près, et je suis du nombre. Elles frappèrent vivement l'empereur Maximilien qui prit à tâche de les émanciper. Un décret préparé par une commission des classes nécessiteuses, *junta de las clases menesterosas*, instituée par lui à cet effet, parut le 1er novembre 1865. Il affranchissait dans une large mesure les *peones* de la tutelle oppressive des propriétaires. Ce décret resta lettre morte : les *hacendados* refusèrent d'employer les *peones* qui voulaient profiter de leur libération légale, et les Indiens misérables reprirent le collier de servitude qui les étreint encore.

Ces pauvres gens, que l'on maintient ainsi de parti pris dans leur abjection, ont pourtant prodigué leur sang pour soustraire le pays à la tyrannique domination des Espagnols, et c'est grâce à eux qu'après dix années de lutte acharnée le Mexique a reconquis son indépendance, il y a quatre-vingts ans. Qu'y ont-ils gagné ? D'être depuis lors, en leur nouvelle qualité de citoyens mexicains, astreints au service militaire ; et c'est tout. Leur condition sociale est restée, sous tous les autres rapports, ce que l'ont faite les vieilles ordonnances espagnoles, et après comme avant, aujourd'hui comme il y a cent ans, et comme il y a quarante ans, l'Européen ou descendant d'Européen est pour eux *el amo*, le maître. Ils méritaient mieux.

FIN

TABLE DES MATIÈRES

	Pages.
Dédicace.	
Avant-propos	1

PREMIÈRE PARTIE
L'EXPÉDITION DU MEXIQUE
(1861-1867)

Exposé sommaire.................................. 1

DEUXIÈME PARTIE
TROIS CENT HUIT ÉTAPES AU MEXIQUE
RÉCIT ÉPISODIQUE ET ANECDOTIQUE

§ 1ᵉʳ. — *De Cherbourg à Vera-Cruz et à Mexico.*
Départ de Cherbourg. — Fort-de-France. — Le Citlaltepetl. — Vera-Cruz. — La Purga. — El Arroyo de Piedras. — Camaron. — Orizaba. — Les Cumbres. — Puebla. — Les deux pendus. — Le langage au Mexique. — L'album................. 19

§ 2. — *Premier séjour à Mexico.*
La ville de Mexico. — Chapultepec. — L'arbre de la *noche triste*. — Tacubaya. — San-Angel. — Guadalupe. — Les *serenos*. — Le jour des Morts.... 30

§ 3. — *Campagne de l'Intérieur.*
Le poisson parleur du rio de Lerma. — Le bassin à

	Pages.
baigner les chevaux de Lagos. — Le lac de Chapala. — A Queretaro : le combat de coqs.......	38

§ 4. — *De Queretaro à San-Luis Potosi, et inversement.*

L'*hacendado* de La Erre. — La maison d'Hidalgo à Dolores, le cri d'indépendance. — Le Cerro de las Campanas à Queretaro. — Le préfet de San-Luis Potosi. — Le soleil au zénith.............	50

§ 5. — *Expédition sur Saltillo et Monterey.*

Catorce. — La plaine des cactus. — Escarmouche d'avant-garde. — Le défilé de La Angostura. — Le maïs géant. — Saltillo. — Monterey. — L'hidalgo récalcitrant, la famille Rivero. — Les soldats indiens de Mejia, le bon sergent................	63

§ 6. — *De Monterey à Durango.*

La *mesa* de Seguin. — Le vin de Parras. — Les cotonniers de Torreon......................	85

§ 7. — *Expédition au nord de Durango.*

A Durango. — Le prisonnier du cheval arabe. — La montagne de fer. — Les scorpions du Durango. — Le sergent Clochette.......................	89

§ 8. — *De Durango à San-Luis Potosi.*

Les chiens de Chihuahua. — Les fortifications de Salinas. — Les serpents à sonnettes d'Espiritu Santo.	108

§ 9. — *Deuxième voyage de San-Luis Potosi à Monterey.*

Je commande un convoi de ravitaillement. — Charroi mexicain. — Alerte d'El Venado. — Affaire de nuit de Tanque de la Vaca. — A Monterey : la famille Zambrano ; la Citadelle......................	118

§ 10. — *De Monterey à Mexico.*

La dent du colonel Jeanningros. — Les chiens de

TABLE DES MATIÈRES   281

Pages.

prairie d'Encarnacion. — Les piscines jumelles de Vanegas. — La « noix incarcérée » d'El Venado. — L'aérolithe de Charcas. — Les Comanches et les Apaches................................... 135

§ 11. — *La vallée de Mexico.*

Les lacs. — Le Monte de las Cruces. — La fée Morgane du lac de Tezcoco. — Une friture d'*axolotes*. — Le secret des *chinampas* ou jardins flottants. — La chasse à l'*armada*, à la citrouille. — Les terrassiers indiens de Churubusco. — L'Iztaccihuatl, le Popocatepetl, l'Ajusco, la Croix du Sud, le Pedregal.. 148

§ 12. — *Expédition sur Zitacuaro.*

Le Nevado de Toluca. — Les chiens et l'âne de Zitacuaro. — Singulière épidémie. — Bel amour-propre de gradé.................................. 182

§ 13. — *Reconnaissance du chemin de fer en construction de Mexico à Vera-Cruz.*

L'ingénieur américain. — La Botte de Maltrata. — Le pont de Metlac................................ 187

§ 14. — *Dernier séjour à Mexico.*

Le théâtre, la Peralta. — Le cheval mexicain et son cavalier. — Les *Plateados*. — Le *lazo* mexicain. — Les courses de taureaux. — Je suis fait chevalier de la Légion d'honneur. — Les croix de Guadalupe de l'impératrice Charlotte.................... 191

15. — *De Mexico à Vera-Cruz et à Saint-Nazaire.*

L'alcade d'Aculcingo. — L'empereur Maximilien. — Le P. Fischer. — L'abbé Lanusse. — Rentrée en France... 213

§ 16. — *La maison militaire du jeune capitaine.*
Ordonnances, muletier, chevaux, mulet. — Tenue de campagne. — Installation au camp. — Les *coyotes* de San-Salvador. — Utilité de l'épacte. — Les popotes d'officiers au Mexique................. 224

APPENDICE

§ 1er. — *Itinéraire de marche*.................. 247
§ 2. — *Les sonnettes des crotales*.............. 259
§ 3. — *Les îles flottantes du lac de Srinagar, du lac de Vadimon et de Saint-Omer*.............. 265
§ 4. — *Condition sociale des Mexicains indigènes.* 273

PARIS

TYPOGRAPHIE PLON-NOURRIT ET Cie

Rue Garancière, 8

A LA MÊME LIBRAIRIE

Au Mexique en 1862. Combats et Retraite des Six Mille, par le prince G. BIBESCO. Un vol. in-8°, illustré de 23 dessins de Jazet et de 4 cartes . . . . . . 20 fr.
(Couronné par l'Académie française, prix Bordin.)

Le Mexique aujourd'hui. Impressions et souvenirs de voyage, par A. DUPIN DE SAINT-ANDRÉ, chargé de mission. Un vol. in-18 . . . . . . 3 fr. 50

Onze mois au Mexique et au Centre-Amérique, par LAMBERT DE SAINTE-CROIX. Un vol. in-18 accompagné de gravures et d'une carte . . . . . . 4 fr.

Précis des guerres de la France de 1848 à 1885, par FABRE DE NAVACELLE. Nouvelle édition accompagnée de cartes. Un vol. in-18 . . . . . . 4 fr.

Souvenirs d'un cavalier du second Empire, par le capitaine H. CHOPPIN. Un vol. in-18 . . . . . . 3 fr. 50

Souvenirs militaires d'un officier français (1848-1887), par le colonel Ch. DUBAN. 2ᵉ édition. Un vol. in-18 . . . 3 fr. 50

Mes Souvenirs, par le général DU BARAIL.
Tome I. 1820-1851. 14ᵉ édit. In-8° avec un portrait. 7 fr. 50
Tome II. 1851-1864. 13ᵉ édit. In-8° avec un portrait. 7 fr. 50
Tome III. 1864-1879. 12ᵉ édit. In-8° avec un portrait. 7 fr. 50

Souvenirs du général comte Fleury. Tome Iᵉʳ. 1837-1859. 4ᵉ édition. Un vol. in-8° avec deux portraits en héliogravure. Prix . . . . . . 7 fr. 50
Tome II. 1859-1867. 3ᵉ édit. In-8° avec un portrait en héliogravure . . . . . . 7 fr. 50

Les Marins en Chine. **Souvenirs de la colonne Seymour**, par Jean DE RUFFI DE PONTEVÈS, enseigne de vaisseau, chevalier de la Légion d'honneur. 6ᵉ édition. Un vol. in-16 illustré de dessins de Henri Rousseau, de photographies et de croquis. . . . . . . 4 fr.
(Couronné par l'Académie française, prix Montyon.)

Expédition de Madagascar. Carnet de campagne du lieutenant-colonel Lentonnet, publié par H. GALLI. 2ᵉ édition. Un vol. in-18 avec des gravures d'après des photographies. Prix . . . . . . 4 fr.
(Couronné par l'Académie française, prix Montyon.)

Campagne dans le haut Sénégal et dans le haut Niger (1885-1886), par le colonel FREY, commandant le 2ᵉ régiment d'infanterie de marine. Un vol. in-8° accompagné de 3 cartes. Prix . . . . . . 7 fr. 50

Types militaires d'antan. **Généraux et soldats d'Afrique**, par le capitaine BLANC. Un vol. in-18 . . . . . . 3 fr. 50

PARIS. TYP. PLON-NOURRIT ET Cⁱᵉ, 8, RUE GARANCIÈRE. — 10927.

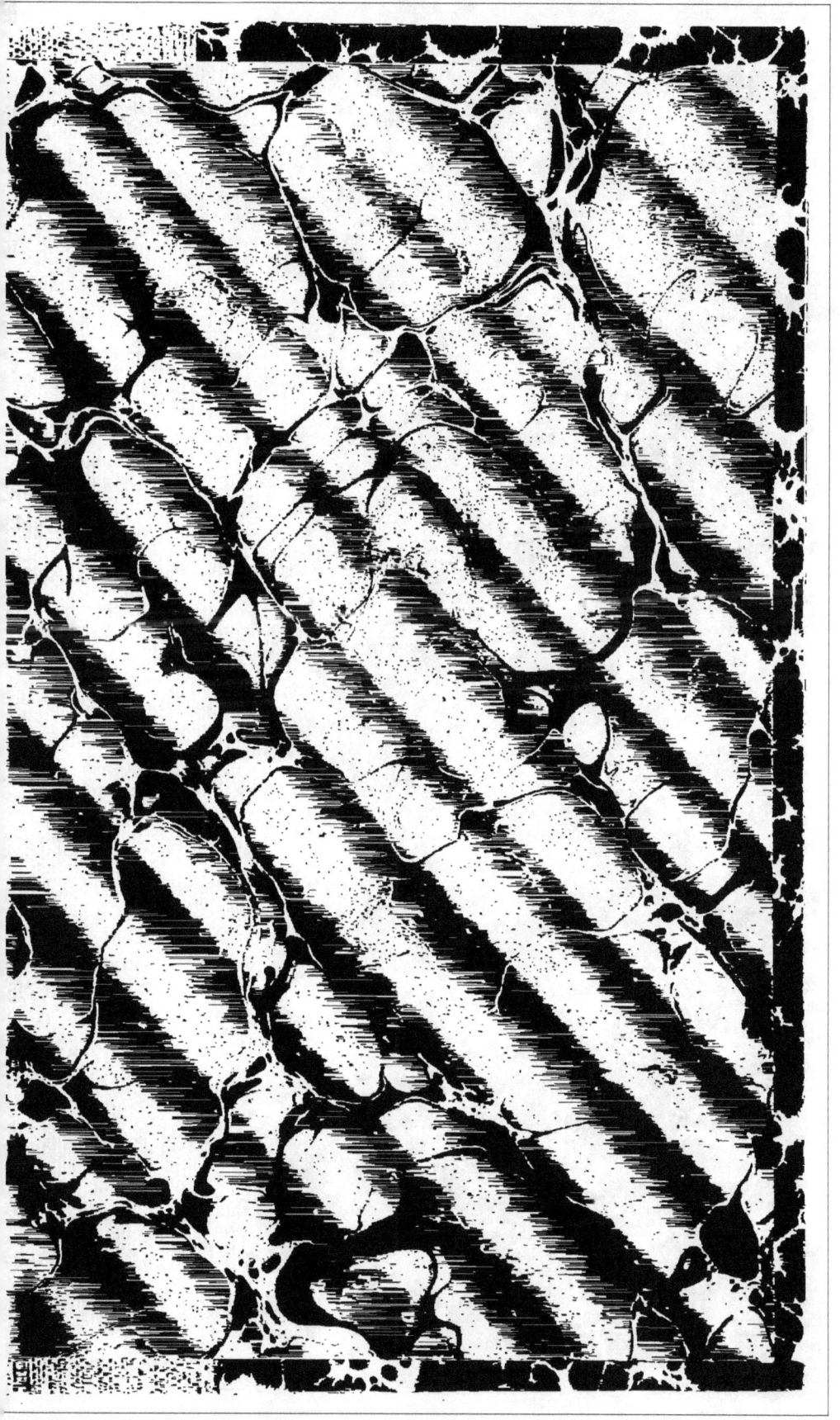

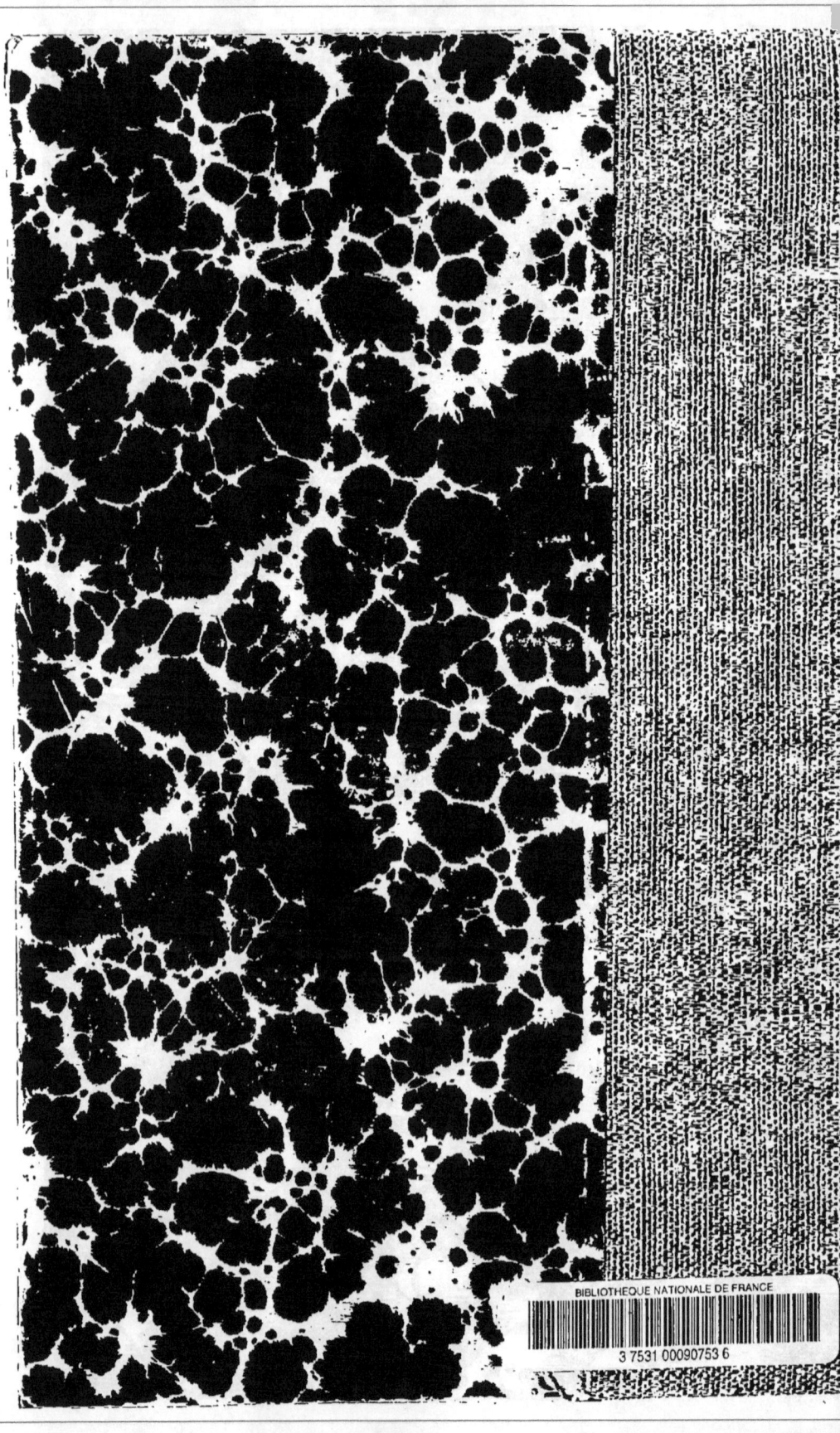

www.ingramcontent.com/pod-product-compliance
Lightning Source LLC
Chambersburg PA
CBHW071346150426
43191CB00007B/862